그러나, 그곳에 가면
문학이 있다

그러나, 그곳에 가면 문학이 있다

| 윤기선 지음 |

세종출판사

수필집을 내면서

번잡한 길 한가운데 나체로 서 있으면 아마 이런 마음일 것이다. 부끄럽다. 썼다가 구겨버린 원고지의 파지들, 쓰지 않고는 견딜 수 없었던 그런 시절도 있었는데 이제야 첫 수필집을 출간하게 되었다.

목표를 향하여 달음박질하던 소녀는 어느새 할머니가 되었고 돌이켜 생각하니 부질없는 일처럼 느껴지기도 하지만 내 삶의 부분들과 가족들의 이야기를 지면위로 끌어 올리면서 회한과 그리움이 문자로 새겨졌다. 오래전에 엮어둔 작품들을 정리하여 엮고 보니 제 16회 한국 해양문학상을 받은 『선원 아내의 이야기』에 수록된 청춘시대의 이야기들을 실을 수 없어 아쉽다.

인생은 굴렁쇠를 굴리는 것처럼 어느 한 순간도 방심하면 완주할 수 없듯이 부지런을 떨어야 하는데 공부한답시고 집안일에 태만하였고 어줍은 글 쓴다고 가족들에게 소홀한 일도 많았다.

유명을 달리 하셨지만 늘 딸의 모습을 지켜주실 아버지 서로를 챙겨주고 격려하며 힘이 되어 주는 형제들 그물 같은 인연법으로 만난 모든 지인들과 자연물에도 두 손 모으고 고개 숙여 감사의 인사를 드린다. 오늘의 이런 모습으로 세상을 살 수 있도록 발판을 만들어 준 가장 편한 남자 男便에게도 고마움을 표하며 둘도 없는 내 아들 며느리 손자와 남은 생애 건강하게 살았으면 하는 바람이다.

2013년 초가을에

차례

제2부 인연

제3부 자화서自畵書

제4부 초승달에 이끌리어

제5부 뭉쳐야 산다있다

제1부

세상사 마음먹기에 달려 있다

기도의 바람

6.25 때 부친께서 징용을 가셨다. 떠나 실 때 어머니 배 속에서 막 잉태되었던 생명이 나였던 것이다. 선친께서는 노모와 입덧을 시작한 아내를 고향이 아닌 타향에 두고 떠나야 했던 그 마음은 얼마나 참담하셨을까. 또 할머니와 어머니께서는 전쟁터로 떠나야 하는 가장을 바라보면서 불안했던 마음은 어디에 비기랴! 전쟁의 소용돌이에 휘말려 먹을 것이라고는 메밀 서너 되에 목숨줄이 달려있었던 고부, 훗날 할머니께서 환란을 겪으신 고생담을 들려 주셨는데, 이야기를 듣고 있으면 전쟁을 겪어보지는 않았으나 사람이 죽는다는 것이 무서웠다.

새 생명을 잉태한 며느리가 메밀 죽으로 연명하게 된 처지가 한으로 남으셨다던 할머니, 전주이씨 효령대군 16세손으로 당시 ○○면장이었던 할머니의 친정동생은 전쟁으로 행방불명이 되었고 아들은 전쟁터에 나갔으니 빛이라고는 한줄기도 보이지 않는 캄캄한 터널 속에 갇힌 심정이더라고 하셨다. 사방을 둘러보아도 낯선 타향, 간간이 겨울밤의 적막을 깨뜨리던 개 짖는 소리조차 무서움에 떠는지 잦아지더라고 하셨다. 그때 할머니에게 희망을 준 것은 어머니의 배속에 자라고 있는 작은 생명이었던 것이다.

도시에서 자란 나의 어머니께서는 밤이면 부엉이 울음소리조차 무서워서 뒷간에 가지 못하고 뭉그적이면 할머니께서 그 낌새를 알아차리시고 등불을 들고 앞장을 서면 어머니께서 뒤따라 가셨던 것이다.

"사돈집과 뒷간은 멀수록 좋다."는 우리 속담이 있다. 시골의 뒷간은 대부분 멀리 외떨어진 곳에 있었다. 며느리가 볼일을 보는 동안 마당에 서성이시며 "오늘 밤에는 별들이 기암 한 듯 파랗게 질렸구나! 날이 풀리면 기우(기러기의 경상도 밀양 방언)들이 북쪽으로 날아가겠지, 전선에 가 있는 이집 가장에게 안부를 전하여 볼까."라는 말씀을 혼자 하셨다는데 며느리가 뒷간에서 무서워 할까봐 그렇게 하신 것이다. 밤을 무서워하던 며느리 화장실에 따라가신 시어머니는 아마 우리 할머니뿐일 성 싶다.

두 분의 바람은 징용가신 나의 부친께서 무사하게 귀환하시는 것뿐이었다. 어찌 우리 집 뿐이었으리 삼천리강산 온 국민들의 바람이었을 것이다.

할머니와 어머니께서는 달리 하소연 할 곳이 없어 날마다 치성을 드렸단다. 샛별이 동녘 하늘에 대 여섯 발 솟아오를 때쯤 첫새벽 우물물을 길어 와서 정성스럽게 한 대접 담아 장독위에 올려놓고 두 손을 모우고 전쟁터에 나간 이 집 대주 우야든지(어찌하든지) 천지신명님! 조상님들! 살아서 돌아 올 수 있도록 돌봐 주이소! 비가 오나 눈이 오나 "비나이다."를 하셨다는데 어머니는 할머니께서 하시는 대로 따라 하신 것이다. 두 분이서 할 수 있는 일이라고는 가장이 돌아오기만을 바라는 마음으로 전쟁이 어서 끝났으면 하는 심정이었던 것이다.

삭풍이 매섭게 몰아치면 문풍지 떠는 소리마저 공포로 들리는 밤 호롱불을 가운데 놓고 바느질을 하시는 두 분의 그림자가 방문에 비치면 밤마을 갔던 사람들이 보고 칭찬을 하였단다. 암흑 같은 밤이 무섭기도 하고 두 방을 거처하면 땔감과 호롱불 기름도 더 들어가므로 할머니와 한 방에서 지냈노라고 그 시절 이야기를 하실 때면 세월이 굽이굽이 휘돌아 백발이 되신 지금도 어제 일처럼 눈시울을 붉히곤 하시는 어머니.

북쪽에서 들려오는 소문은 하루 밤을 두고 국군과 인민군이 치열하게 싸우며 고지를 뺏고 빼앗기를 거듭하는 격전으로 사람들이 수도 없이 죽어난다는 무성한 소문에 두 분의 가슴은 숯덩이가 되셨단다.

우리 세대는 전쟁은 적군을 죽여야 아군이 살 수 있다는 이야기를 듣고 자랐다. 고향 친구의 부친께서도 6.25 에 참전하셨는데 포탄에 정신을 잃었다가 눈을 떠보니 코스모스 꽃이 하늘거리는 사이로 파란 하늘이 보이더라고 하셨다. 친구의 부친은 그때 한쪽 다리를 잃으셨던 것이다.

전시(戰時)였지만, 할머니와 어머니께서는 종부(宗婦)의 소임을 하지 않을 수 없었다고, 유월 열 하룻날 조상님의 기일에 나물반찬을 정갈하게 장만하고 꽁보리밥 메(제삿밥)를 지어 조상님제사를 모시고 잠을 잤는데 어머니의 꿈속에 하얀 할머니가 나타나시더니 유월 열 사흗날 순산할 것이니 걱정하지 말라시며 어머님의 배를 쓰다듬어 주셨단다. 조상님께서 예언 하신 그 날 밤 오두막에는 새 생명이 태어났던 것이다.

작은 핏덩이는 고부의 시름을 덜어 주는 희망되었던 것이다. 어머니께서 어린 나를 재워 놓고 할머니의 일손을 거들려고 고개마루에 있는 콩 밭에 나가면 할머니께서는 "얼라가 울면 우짤라꼬?" 하시며 어머니의 등을 떠미셨던 것이다.

그 즈음 부친과 함께 징용 나간 근동의 민 모씨가 돌아 왔다는 소문이 있어 할머니께서 그 댁으로 걸음을 하시어 알아본 결과 의정부에 도착하여 헤어졌다는 이야기를 듣고 힘이 빠져서 고갯길을 올라오시는데 눈앞이 캄캄하고 천지가 아득하더라고 하셨다.

며칠 후 전선에서 편지가 도착하였는데 먼저 귀가 하는 민 씨 편으로 돈을 보냈으니 받아서 우선 가용에 보탬을 하시라는 내용이 있어 할머니께서 부랴부랴 그 집으로 달려가셨으나 돈을 노름으로 모두 탕진하고 고개만 떨구고 있는 사람한테 더 이상 추궁도 못하고 돌아오신 것이다.

두 분의 기다림은 날이 가고 달이 바뀌어서 추석이 가까워진 어느 날 어머니께서는 또 꿈을 꾸셨단다. 으리으리한 저택에 탕건(宕巾)차림의 한 노인이 앉아 계시는 그 댁 마루를 닦고 있으니 노인께서 "조금만 참고 기다려라 그 아이가 곧 돌아올 것이다." 고 하시어서 "추석에 제사지낼 일이 걱정"이라는 어머니의 대답에 노인께서 추석 제사는 지낼 수 있도록 올 테니 염려하지 말라고 하시기에 좋아서 벌떡 일어났더니 꿈인지라 하도 섭섭하여 눈물이 나더라고 하셨다.

조석으로 서늘한 바람이 불고 추석이 이틀 밖에 남지 않은 이른 새벽에 쩌렁쩌렁 골짜기를 울리는 소리에 어머니께서 잠을 깨고 귀를 기우리자 "윤○○ 가 살아서 돌아온다!"는 사람들의 외침에 꿈인가 생신가 하여 손등을 꼬집어보셨단다.

포탄이 떨어지는 전쟁터에서 생사를 몇 번이나 넘나들었지만, 할머니와 어머니의 바람대로 나의 부친께서 살아서 돌아오신 것이다. 힘든 고비마다 어머니의 꿈에 조상님이 현몽을 주셨다는 말씀을 듣고 있노라면 사람은 최악의 순간에 놓이면 지푸라기라도 잡는 심정으로 기도를 하게 된다는 것과 간절하게 기도하면 과학적으로는 증명 할 수 없지만 그 어떤 힘에 의하여 예언 같은 현몽을 꿀 수 있구나 하는 생각이 들었다.

남루한 추억 1

일곱 살적 어느 여름 날 이른 아침 소 풀을 뜯기는 아버지를 따라 갔다. 소가 코뚜레가 땅에 닿도록 열심히 풀을 뜯어 삼키는 것을 한참을 지켜보시던 아버지께서 마른 쑥대 가지를 꺾어 땅 바닥에다 글자를 쓰시더니 내 이름자라고 하셨다. 내 년이면 학교에 입학을 하니 이름이라도 익히라고 하시며 막대를 건네 주셨다. 몇 번을 반복하자 안보고도 쓸 수 있었다. 내 이름은 쓰기가 쉬운 글자인데 아버지께서 빨리 익혔다고 칭찬을 해 주셨다.

우리 마을에서 ○○○역과의 거리는 3km가량의 거리로 당시에는 철도교통 요충지로 역 부근에는 기차를 기다리는 타지 사람들로 북적거렸다. 산허리까지 밭을 일궈 복숭아나무를 심은 고장이라 봄이면 마을은 꽃 속에 파묻혀 아름다웠다. 풍경은 아름다웠으나 수리시설을 하지 않아서 비가 조금만 내려도 홍수가 들어 빈곤한 고장이었다.

가난한 살림에 내리 딸 셋이 태어났으나 죽지 않고 자라는 것이 자식이라며, 남의 집 아들 못잖게 길러 주신 할머니와 아들딸을 구별 하지 않으셨던 아버지께서는 여자라도 옳은 일을 위해서라면 자신의 뜻을 굽히지 말라고 하셨다. 입학 선물로 예쁜 무늬가 그려진 초록색 연필과 공책 그리고 빨간 코르덴 옷 한 벌을 사주셨다.

60년 3월 하얀 손수건을 가슴에 달고 옆집 친구와 나풀나풀 뛰면서 아버지를 따라서 학교에 갔다. 다른 집에는 어머니들이 입학식에 가시거나 남에게 딸려서 보냈었는데 바쁜 일을 제치고 입학식에 데리고 가셨던 아버지, 훗날 내 아들이 초등학교에 입학하던 날 나는 그때서야 아버지의 마음을 알 것 같았다.

며칠 후 집 번지를 가르쳐 주셨다. 하굣길에 면사무소(당시에는 면소재지였음)에 들러서 민적초본을 떼 오라고 하셨다. 면사무소에 갔더니 앞자리에 앉은 아저씨가 어떻게 왔느냐고 하셔서 초본을 떼러 왔다는 대답을 하자 집 번지를 아느냐고 하셨다. 미전리 249번지라고 대답을 하자 웃으시며 누가 시키더냐고 물으셨다. 키가 작아서 발 돋음을 하며 아버지의 심부름이라고 말했다. 아저씨께서 일어나시더니 옆 건물에 가서 검은 표지로 된 대장을 들고 오시더니 먹지 밑에 얇은 습자지를 받치고 글을 적더니 그것을 내게 주시며 어른께 갔다 드리라고 하셨다.

그 서류에 우리 집 주소와 가족 이름이 등재되어 있다는 것을 아버지께서 설명해 주셨다. 딸 셋이었는데 맏딸인 내게 사람은 어디에 가서 살더라도 근거가 확실해야 된다는 것을 가르쳐 주시려고 면사무소에 심부름을 보냈노라고 하셨다. 그 심부름으로 사람은 자신을 증명 할 수 있는 신분이 확실해야 한다는 것을 알게 되었다.

저녁이면 양친께서 나를 가운데 앉혀 놓고 학교생활이 어떠했는지, 어떤 공부를 하고 왔는지 묻곤 하셨다. 당시에 우리 집은 귀저기 감을 짜서 부산국제 시장 포목점에 납품하는 일을 하고 있었다. 내가 초등학교 3학년이 되던 해에 그 일을 접고 딸기 농사만 지었다.

딸기는 일본을 통해서 들어온 것으로 사람들은 '양딸기'라고 했다. 자생적으로 산천에 자라는 나무딸기와 복분자만 알고 있던 사람들은 딸기를 밭에다 재배한다는 것을 생소하게 여겼다. 심지어 딸기를 먹는 과일인줄 모르는 이들도 있었다. 딸기에 관한 이야기를 덧붙인다면 우리나라에서 딸기의 첫 재배지는 내 고향이라고 한다. 오늘 날처럼 비닐하우스 재배가 아니라 노지작물이었으나 당시 여타의 농작물에 비해 일손은 많았지만 그 당시로는 고소득을 올리는 농작물 이었다. 수확철에는 새벽에 일어나서 딸기를 땄다. 먼 동네 아이들이 우리 마을 앞을 지나가면 서둘러서 아침밥을 먹고 학교로 갔다. 용의검사를 하는 날 손톱 밑이 까맣다고 걸렸다. 담임선생님에게 손톱이 새까만 것은 씻지 않은 것이 아니라 딸기를 따면 풀물이 들어 새까맣게 된다는 내 볼멘 항의는 괘심 죄로 한 시간 동안 공부도 못하고 수돗가에서 손을 씻어야 했다. 억울한 것은 통신표에 '용의가 불결함'이라고 씌어 있는 것을 보고 선생님도 모르는 것이 있다는 것을 알았다.

남쪽지방은 봄이 빨리 왔다. 수원보다 보름에서 20일 정도는 딸기가 일찍 출하되어 다른 과일이 나오기 전이라 시세를 잘 받았다. 그렇지만 서울이 가까운 수원에서 아침에 딴 싱싱한 딸기가 출하되면 우리 고향의 딸기시세는 형편없이 떨어졌다. 요즈음은 과일 담는 용기는 모양뿐만 아니라 기능성까지 고려하여 장거리 운반에도 과일이 상하지 않지만 지난날에는 나무로 만든 상자에 담아서 완행열차로 올려 보냈으니 상한 딸기가 많았던 것이다.

4.19와 5.16 데모로 어수선한 정국(政局)으로 사회질서가 혼란하여 딸기 값이 폭락했다. 어떤 날은 수화물 요금을 물어낼 때도 있어 설상가상(雪上加霜)으로 집안 형편이 더 어려워졌다.

내가 초등학교 졸업반이 되었으나 우리 집 형편은 피지 않았다. 가을 하늘에 빨간 감이 탐스럽게 익어갔다. 흰 구름만 흘러가도 눈물이 났다. 공부를 하고 싶은데 내가 진학을 하게 되면 부모님께서 더 힘드실 것 같아 스스로 진학을 포기했다.

그즈음 학교에서 중학교에 진학 할 학생들을 정규수업 후 따로 모아서 과외를 시켰다. 어려운 환경을 개선하려면 공부를 해야 한다는 것을 알고 있었지만, 포기하였으니 철이 빨리 들었다고나 할까. "지역에 있는 중학교에도 떨어질 실력이라면 뭣 하러 중학교에 간담 흥!" 하며 마음 한 구석에는 과외 하는 친구들을 얕잡아 보는 오만도 가졌으나 졸업 후 내 처지를 생각하면 이내 풀이 죽었다.

졸업 하던 날 친구들은 삼삼오오 운동장에 모여 중학교에 진학하는 이야기로 즐거워했다. 6년 동안 정들었던 학교 다시는 학교에서 공부하지 못한다고 생각하니 슬펐다. 졸업장을 받아들고 서둘러 교정을 나와 시오리 길을 걸어가면서 내 작은 힘이 부모님에게 보탬이 될 것이라고 스스로를 위로 했다. 졸업장을 아버지께 보여드렸더니 그것을 보시던 아버지께서 마루에 앉아 하염없이 앞산만 바라보고 계셨다. 나는 그때 아버지의 큰 눈에 눈물이 고여 있는 것을 보았다. 이어서 "에비가 되어 에비가 되어……" 말끝을 맺지 못하셨다. 내 각오는 훗날 반드시 공부 할 것이라는 각오를 다짐 했다. 옆집 언니에게 부탁하여 그해 6월부터 직물 공장에 다녔다.

66년도 장날 보리쌀 한 되 값이 60원, 꼬박 열 두 시간 일한 내 품삯이 보리쌀 한 되박이었다. 야간을 마치고 파리해진 몰골로 퇴근을 하면 교복을 입은 친구들은 삼삼오오 모여 재잘거리며 신작로를 걸어왔다. 그들과 마주칠 용기가 없었다. 창피하다는 생각이 들어 친구들과 마주치지 않으려고 병아리가 어미닭 날개를 파고들듯이 언니들 사이로 슬며시 들어가면 언니들도 내 마음을 알아차렸는지 팔을 벌려 얼굴을 가려 주었다. 그럴 때마다 나의 목표는 또렷했다.

남루한 추억 2

가족이 둘러앉아 저녁밥을 먹으며 낮에 있었던 일들을 이야기했다. 때로는 어른들께 꾸중 들을 일도 있었지만, 오붓한 시간이었다. 겨울에는 어머니께서 어린 딸의 발이 시릴까봐 내 신발을 따뜻한 솥전에 놔두셔서 아침에 신을 신으면 따뜻했다. 하루 일을 마무리 하신 어머니께서 방에 들어 오셔서 이불 속에 손을 넣어 내 발을 가만가만 주물러 주셨다. 자는 척 하고 있었지만 작은 발로 열 두 시간을 서서 일을 하고 왔으니 안쓰러워서 내 발을 쓰다듬고 계신다는 것을 알고 있었다.

어린 딸이 야간 하는 날은 고된 하루였을 텐데도 밤이 이슥하도록 주무시지 않고 일을 찾아서 하셨다. 우리 집은 고구마 농사를 많이 지었다. 상품가치가 있는 것들은 움에다 저장해 두었다가 장날마다 군고구마용으로 내다 팔았다. 너무 크거나 캐다가 흠집 난 것들과 굼벵이가 파먹어서 보기 싫은 것들은 씻어서 밤이면 어머니는 고구마를 썰어 가을볕에 널어 말리면 뽀얗게 마르면서 모양이 뒤틀려 삐딱삐딱 했다. 우리 고장에서는 그것을 '삐떼기' 또는 '빼때기'라고 했다. 빼떼기를 갈무리 했다가 이듬해 긴 봄날에 팥을 넣고 푹 삶아서 먹으면 허기를 채워주는 간식이 되었다. 간혹 방앗간에 가져가서 가루로 빻아다가 떡을 만들면 쫄깃쫄깃한 쑥색 떡이 되어 입에 착 달라붙었다. 부족한 식량 대용으로 먹었던 고구마가 오늘 날에는 웰빙 먹을거리로 쌀값보다 비싸니 시대의 변천사라고나 할까.

겨울이 되면 공장안이라고 하지만, 함석으로 된 벽면 여기저기 구멍이 숭숭 뚫려있어 바깥과 다름없었다. 어른 손바닥 만 한 창문 너머로 환안하게 불이 켜진 집이 보였다. 야간근무를 할 때마다 환하게 불이 켜진 그 집을 바라보았다.

성냥팔이 소녀가 추운 겨울에 성냥을 팔려고 거리를 돌아다니다가 불이 켜진 어느 집 창문 안을 들여다보고 따뜻한 집안에서 맛있는 음식을 먹고 즐겁게 지내는 아이들을 부러워하듯, 공부하고 있을 내 또래 아이의 모습을 떠올렸다.

공장에는 내 또래가 네댓 명 있었는데 그 중 둘은 나와 초등학교 동기였다. 동수는 어머니가 돌아가시고 졸업도 하지 못한 체 공장에 다니고 있다는 것을 그 곳에 가서 알았다. 어린 동생들과 병든 아버지를 돌봐야 하는 소년가장이었다.

옷을 껴입어도 공장안은 추웠다. 소리를 질러야 말이 들릴 정도로 소음이 심했다. 직조과정에서 생기는 솜먼지가 머리에 눈처럼 앉았다. 소음과 먼지는 성장기에 있던 우리들의 건강을 위협하고 있었지만 일자리를 얻을 수 있었다는 것을 다행으로 여겼다. 수동식 직조기는 벨트와 연결되어 있었다. 마녀의 혓바닥처럼 느껴지던 벨트에 옷깃이 끼일까봐 늘 조심을 했다.

공장안에 일명 알탄이라는 것을 연료로 사용하는 난로가 있었는데 알탄에 불이 붙을 때까지 연통으로 가스가 새어나와 머리가 아팠다. 졸음이 쏟아지는 새벽 벌겋게 달아오른 난로 가에 앉으면 졸음이란 놈이 염치도 없이 밀려와 꾸벅꾸벅 졸다가 난로에 손이 닿으면 살이 하얗게 익었다. 졸음을 쫓으려고 찬물에 세수를 해봐도 새벽잠은 좀처럼 물러가지 않았다. 졸고 있으면 직수언니들이 차마 깨우지 못하고 끊어진 실을 이어 주기도 했다. 그들도 해야 할 몫이 있는지라 안쓰러워하던 모습들이 스쳐간다. 지금 만난다면 근사한 곳에서 맛있는 밥 한 끼 대접 하며 옛 이야기기를 나누고 싶다.

주간에는 점심시간이 있었지만 야간에는 잠깐의 휴식도 없었다. 졸음을 참지 못해서 제 때 갈아 끼워야 할 실을 교체하지 않으면 베 바닥에 흠집이 생겼다. 직조기를 세우면 일순간 공장안은 조용해 졌다. 그럴 때면 어김없이 사장 가족 중에 누군가가 나와서 순찰을 돌았다.

비명소리에 얼른 돌아보니 얼굴이 벌겋게 상기된 ○○가 한껏 목을 뒤로 젖혀 뻗대고 있었다. 목수건이 벨트에 딸려 들어간 것이다. 얼른 기계를 멈추고 감긴 목수건을 풀어주자 죽을 뻔 했다며 친구가 웃었다. 그녀는 지금 서울에서 무지무지 폼 나게 잘 살고 있다.

어느 날 아침 출근을 하니 동수가 벨트에 감겨 공장천장까지 딸려 올라간 사고가 일어났다며 사람들이 웅성거리고 있었다. 사고가 난 자리에 혈흔이 떨어져 있어 끔찍한 사고였음을 말해주었다. 동수를 병원으로 이송한 사람들이 돌아와서 알려준 소식은 목숨은 건졌으나 어깨 부분까지 절단 하는 수술에 들어갔다고 했다.

병원에서 퇴원을 했다며 동수가 공장으로 왔다. 자신이 일하던 기계 앞에서 남은 한 손으로 실타래를 만져보던 해쓱한 얼굴 그 모습이 우리들이 동수를 본 마지막 모습이었다.

카펫을 짜는 깡마른 인도 소년의 얼굴위로 동수의 얼굴이 떠올랐다. 열다섯 살 어린 나이에 가난 때문에 죽은 친구, 이것이 60년대 후반 생산 공장 근로자들의 처참했던 일상이며 내 삶의 한 부분을 차지하고 있다.

열악한 환경에 놓이더라도 자신의 목표를 향하여 '열심히 살다 보면 좋은 날이 온다.'는 말처럼 남들이 보기에는 보잘 것 없는 꿈이었으나 그 꿈이 실현되었다. 자신이 하고 싶은 일을 하며 살 수 있다는 것은 살맛나는 세상살이다.

손자는 나의 거울

육아 휴직을 끝낸 며느리가 직장에 복귀하자 갓 돌을 지난 손자를 낮에는 내가 돌보기로 했다. 아들이 출근길에 우리 집에 맡겼다가 퇴근길에 데리고 갔다. 저녁에 손자가 가고 나면 나는 할머니가 아닌 며느리로 분주하게 집안일을 했다.

시어머님께서 07년 섣달그믐 날 화장실에서 넘어지시더니 건강이 좋지 않으셨고 판단력도 흐렸으나 그럭저럭 당신혼자서 화장실을 다니시더니 팔월에 접어들자 혼자서는 거동이 어렵고 누워서 지내는 시간이 많아졌다.

사람의 앞날은 모른다. 젊고 건강할 때는 어떤 어려움이라도 극복 할 수 있는 힘이 있지만 노쇠하고 건강을 잃으면 자신의 의지와는 다르게 타인의 힘을 빌려야 한다.

장기노인 환자를 집에서 돌보는 사람도 있겠지만 요즘은 병원이나 요양시설에 보내는 일이 허다하다. 어머니께서 어디서 요양원 이야기를 어떻게 들으셨는지 아무 곳에도 가지 않을 것이라는 말씀을 하셨다. 깔끔하신 성품인지라 당신 손으로 밥술을 떨 때까지는 속옷만큼은 직접 세탁을 하셨던 분이 화장실 출입이 자유롭지 못하자 기저귀를 채워 달라고 하셨다. 몸이 불편하면 누구보다도 본인이 고통스럽고 답답할 것이다. 연금공단에 신체 등급 판정 신청을 했더니 공단에서 직원이 나와서 문진을 하고 어머니의 수족도 살펴보더니 1급 판정을 받겠다는 말을 했다. 등급 판정에 따라서 요양원에 입소하면 일정금액의 정부 보조금이 나오고 나머지는 보호자가 부담을 하면 된다고 했다. 집에 계실 경우 도우미를 신청하면 도우미가 나와서 일정 시간동안 환자를 돌봐주는 제도도 있다고 했다.

누워계셨지만 증손자가 오면 좋아 하셨다. 핏줄이 당겼는지 녀석도 낯가림을 전혀 하지 않았다. 어떤 날은 두 번씩이나 대변을 보셨는데 철모르는 손자는 엉겨들고 어머니의 기저귀는 갈아드려야 하는 상황에 이르면 병원으로 모시고 싶다는 마음이 불쑥불쑥 고개를 내밀었다. 어느 날 침대 시트를 방금 갈아드렸는데 오물을 묻혀 다시 시트를 갈면서 나도 모르게 혀를 찼더니 등 에서 '쯧쯧' 하는 혀를 차는 소리가 들렸다. 업힌 손자가 내가 하는 그대로 흉내를 내고 있었다. 아차! 그 순간 등에서 땀이 흘렀다. 이

다음 자라나는 손자에게 수만 마디로 올 곧고 참된 사람이 되어야 한다고 가르치는 것보다 내 행동을 본보기로 보여야겠다고 느꼈다.

부모 자식 사이에는 행해야 할 도리가 있고 해서는 안 되는 일도 있다. 남남이라면 보기 싫으면 만나지 않으면 그만이겠으나 부모와 자식 사이에는 핏줄이라는 천륜이 흐르기 때문에 서로 존중하는 예의가 있어야 한다고 배웠다. 설혹 부모님께서 도리에 어긋난 일을 하셨더라도 병드신 몸이라면 자식은 천륜의 도리를 하여야 한다. 옛날에 비하면 생활환경이 좋아졌다.

밸브만 누르면 냉온수가 콸콸 쏟아지는 환경에 살고 있다. 스위치만 누르면 따뜻한 난방시설이 갖추어져 있다. 빨래가 많아도 걱정이 없다. 세탁기가 척척 해준다. 하루 세끼 환자의 미음도 무엇인들 못하리. 믹스기로 갈아서 오크에 건강식을 얼마든지 만들 수 있다. 귀저기를 채우면 냄새는 나지만 자주 갈아 드리고 환기를 시키면 된다. 몸을 뒤척이시다가 침대에서 떨어지기라도 하셨는지 들락거리다 보면 하루해가 저물었다.

주변에서 아기와 시어머니를 함께 돌볼 수 없다며 병원이나 시설에 모시라고 권유를 했다. 증손주가 좋아서 어쩔 줄 모르시는 어머니를 시설에 보낸다면 당장은 내 몸이 편하겠지만 돌아가신 후에 마음이 편하지 않을 것이라는 생각이 들었다.

손자가 요구르트를 보면 먹는 것인 줄 알고 달라고 보챘다. “이것은 왕 할머니가 잡수셔야 한다.”는 말을 하면 녀석이 알아들었는지 조막손에 요구르트를 잡고 기저귀를 찬 궁둥이를 뒤뚱뒤뚱하는 걸음으로 증조모가 계시는 방으로 가져갔다. 요구르트를 증조모의 입 언저리에 살며시 놓고는 제 손을 제 입에 갔다대면서 먹는 시늉을 했다. 증손주의 흉내에 마음이 급해진 어머니께서 빨대를 미처 입에 물지 못하시고 잡수시려고 하자 어디에서 그런 소견이 생기는지 고사리 손으로 증조모의 입에 빨대를 물려 드렸다. “아이고 가져 왔소.” 하시는 어머니의 얼굴에 함박 웃음꽃이 피었다. 이번에는 물티슈를 뽑아들고 기다렸다가 손에 쥐어 드리며 손으로 제 입과 코를 닦는 시늉을 했다. 손자의 이런 행동은 어머니께는 즐거움의 약이 되었다. 어떤 호스피스가 죽음을 목전에 둔 환자의 마음을 이처럼 평화로운 행복을 안겨드릴 수 있을까. 말도 못하는 녀석의 행동은 수 천 마디의 미사여구보다도 좋은 약이 되었다. 저녁이면 녀석이 저희 집으로 간다는 것을 어머니도 알고 계셨다. 새벽부터 벽시계에 눈을 떼지 않고 아침을 기다리셨다. 어머니에게 아침은 증손자를 본다는 기다림이 있었다.

그날이 그날 같은 가을 어느 날 베란다에 노란 수건을 본 녀석은 그 수건을 달라고 했다. 수건을 걷어주면서 어쩌나 싶어서 가만가만 뒤 따라 갔더니 증조모 방으로 가서 덮고 계시는 이불을 제치고 나에게 아랫도리를 닦아드리라는 손짓을 했다. 그 수건은 어머니의 아랫도리를 닦아드리는 수건이었다.

때때로 그 방을 들락거리면서 증조모의 뺨에다 뽀뽀를 하고 조그만 손으로 이마를 짚어 보기도 하는데 아기를 다루듯이 살살 조심스럽게 하는 그 모습은 깨물고 싶을 정도로 대견스러웠다. 눈도 뜨지 못하시다가도 녀석의 기척에 눈을 뜨셨던 어머님. 자꾸만 쇠잔해 갔다. 그런 몸으로도 "나는 너 품에서 죽을 끼다. 아무데도 보내지 마라." 시며 당부의 말씀을 하셨다. 병원이나 시설로 옮길까봐 애원을 하셨다. 병원에 가지 않겠다고 하시는 것은 증손자의 재롱을 보기 위해서다. 녀석의 존재는 어머니께서 이 세상에서 마지막으로 느끼시는 즐거움이었다.

손자는 희한하게도 증조모 앞에 앉아서 미음을 다 잡수실 때까지 기다리고 있다가 잡숫고 나시면 침대 위로 올라가서 살며시 가슴에 안기기도 하고 판다 곰처럼 뒹굴기도 여러 차례 그럴 때마다 얼굴에 홍조를 띄며 어머니는 좋아 하셨다. 아들의 퇴근이 늦다며 며느리가 손자를 데리려 왔다. 녀석의 행동을 본 며느리는 믿기지 않는다며 "어머니 우리 진형이 아기 맞아요?"를 연발하면서 입을 다물지 못했다. 할미 눈에도 예쁜데 제 어미는 오죽할까. "옛날에 세 살 효자가 있었다더니 우리 손자가 효손인가 보다."하며 우리 고부는 마주 보며 웃었다. 환자가 있는 집안은 침울한 분위기가 되는데 손자 덕분에 웃는 일이 더 많았다.

손자가 젖병을 물고 다니는 것을 누워서 빤히 바라보시던 어머님께서 "나도 저런 것 하나 사도" 라고 하셨다. 연세가 들면 어린 아이가 된다더니 그 말이 실감났다. 손자의 우유병 가운데 젖꼭지가 늘어난 것을 골라서 소독을 하여 미음을 넣어 드렸더니 잘 나오지 않는다고 투정을 하시기에 물로 바꾸어 드리자 증손자와 마주보고 젖병을 빨면서 아기처럼 좋아하셨다. 그 모습을 보니 저절로 웃음이 나왔다. 행복은 순간순간 다녀간다.

세상사 마음먹기에 달려 있다

가죽과 뼈만 남은 앙상한 어머니의 가슴 어머니에게 최후의 날이 점점 다가오고 있는 것 같았다. 한 세상 살면서 만족을 모르고 사셨던 어머님의 불만은 늘 시아버님에 대한 원망을 하셨다. 운수 사업을 하신다고 문전옥답을 팔아서 아는 이 하나 없는 부산으로 데리고 와서 고생을 시켰다는 것이 어머니께서 아버님에 대한 원망과 푸념이셨다. 고향에서 농사짓고 살았더라면 고생 하지는 않았을 것이라는 말씀에 젊어서는 엄두도 못 낼 말을 지천명을 넘기고 한마디 했다. 농사짓고 고향에 계셨더라면 모르긴 해도 아주버님께서 전답을 팔아먹었을 것이라는 내말에 어머님도 수긍을 하셨다. 이미 고인이 된 분을 원망 하시면 아버님의 영혼이 저세상에서 편치 않으실 것이라고 하면서 윗대에서 금슬이 좋아야 아랫사람들도 부부사이가 좋다는 말을 흘렸더니 그 후로는 아버님을 원망하시는 말씀을 듣지 못했다.

시아버님께서는 서당과 고등교육을 받은 인텔리로 일본에서 운전을 하셨을 만큼 앞날을 내다볼 줄 아셨던 것이다. 앞으로는 자동차가 생활에서 필수품이 된다는 것을. 해방과 더불어 귀국하셔서 경험을 토대로 자동차 사업을 하시려고 문전옥답을 정리하여 부산으로 오셨지만 뜻대로 되지 않으셔서 종당에는 부산진구청 앞에서 도장 세기는 일을 업으로 하시다가 돌아 가셨다고 했다.

벚꽃 피는 봄이면 모자간에 오붓한 여행을 하시라고 나는 바쁘다는 핑계를 되고 슬며시 빠졌다. 여행에서 돌아오시는 어머니께 인사를 하면서 아들이 맛있는 것 많이 사주더냐고 여쭈면 “지가 배가 고픈데 안 먹고 되남.”하시는 퉁명한 대답을 하시면 뒤따라 들어오던 남편은 할 말이 없다는 시늉을 지었다.

좀 더 일찍 당신의 마음의 벽을 허물었다면 행복한 세상을 사셨을 텐데 스스로 만들어 놓은 불만의 틀에서 헤어나지 못하셨다.

옳고 그릇됨을 가릴 때 사람들은 자기 일에는 평형 심을 잃기 쉽다. 어머니께서는 당신의 思考가 인생의 잣대였고 삶이었다. 마흔 두 살에 혼자되어 칠 남매를 책임졌으니 때로는 거칠고 억지를 부려야 하는 여인으로 살아야 했다는 것을 깨닫지 못했다. 인생의 쓴맛을 모르던 풋내기 새댁은 폭 넓은 사고력 보다는 잘

함과 잘못함의 논리적 사고로 부모자식 사이지만 존중해야 된다는 예의만 알았다. 인생살이에 옳고 그른 것만 고집 할 수 없다는 것을 몰랐던 것이다. 흔히 세태말로 산전수전에 공중전까지 겪었다는 말을 하는데 나는 인생경험이 부족했던 것이다. 역지사지(易地思之)를 행하지 못하여 어머니의 한을 보듬어 안을 줄 모르고 자식들의 뜻에 따라주지 않는 어머니가 야속하고 섭섭했다. 우리 고부의 갈등은 일반적인 것에서 비롯된 것이 아니었다.

전쟁이 일어나기 전에 행방불명 되셨다던 시외삼촌께서 일본에 거주 하고 계신다는 소식을 큰 시외삼촌 편으로 전해들은 어머니께서는 이념보다 동기간의 핏줄만 생각하셨다. 작은 시외삼촌께서 조총련에 가입하였다는 것은 큰 외삼촌의 전언. 전시(戰時)에 태어난 우리 세대는 반공교육을 철저하게 받았기에 불조심 포스터가 아니면 미술 시간에 빨강색 크레용도 사용하지 않았다. 대한민국에 살면서 조총련 단체에 가입한 시외삼촌과의 교류를 피하고 싶었을 뿐이었다. 왕래를 원하지 않았던 것이 어머니와 갈등의 원인이 되었다.

내가 잘 아는 어떤 분은 명문대학을 졸업을 하였으나 그의 부친께서 좌익운동을 한 기록이 남아 있어 취직이 되지 않는 것을 보았다. 그 아내가 회사에 다녀 어렵게 가정을 꾸려가는 것을 보면서 연좌제가 얼마나 무서운지를 알았다.

우려하던 일이 현실로 다가왔다. 선원이던 남편은 외삼촌과 접촉 하지 않았나 하는 혐의를 받았다. 후일 알게 된 사실이었지만 외사 계에서 남편을 미행을 한 것이다. 국민으로 국방의무를 성실하게 이행하였고 베트남 전쟁에도 용병으로 지원 하였으며 대한민국의 일원으로 열심히 살아온 것 말고는 혐의 없음이 입증되어 다시 승선을 하게 되었지만 그 일로 인하여 우리는 상처를 받았다.

어머님은 이념이 무엇인지도 모르시는 분이다. 오직 '내 핏줄'만 생각 하셨다. 남북이 대치하고 있는 상황에서는 형제의 만남보다도 현실을 직시하자던 우리 부부의 뜻이 갈등의 원인이 된 것이다. 연좌제가 폐지되기 전에 시외삼촌께서 돌아 가셨다. 남북 간에 많은 변화가 일어났다. 어머님께서도 고인이 되셨다. 지금 같은 추세였다면 겪지 않아도 될 일이었다.

밀양 박 씨 규정공파(糾正公派) 안의 문중에 시집 오셨어 고생 많이 하셨다며 어머니의 여윈 가슴을 쓸어드리며 무거운 마음은 훌훌 털어버리고 영혼이나마 형제분들을 만나시라는 내말에 어머니의 바싹 마른 입술이 움직였다. "고맙고 미안하다. 미안하다."는 말씀을 하셨다. 어머니의 그 한마디는 내 마음에 쌓였던 응어리가 거짓말 같이 사라졌다.

남아 선호사상이 강했던 어머님은 전형적인 한국 시어머니셨다. 새댁 시절에는 그런 점이 못내 섭섭하였으나 불혹을 넘기면서 갈등의 해결방법을 찾았다. 당신의 아들과 살고 있으니 자식된 도리를 해야 한다고 생각했다. 인생살이에는 좋은 일도 있고 궂은 일이 있기 마련이라 부모님을 모시면 바람 부는 날에는 부모님이 바람막이가 되어 준다고 여기면 마음이 편했다.

잘한 일이나 잘못한 일이든지 지나간 것은 돌이켜봐도 아무 소용없는 일이다. 쌀을 쏟으면 다시 주울 수 있으나 물은 엎지르면 줍지 못한다고 했다. 아옹다옹하며 보낸 세월은 나의 운명이었다. 상주들을 불러 모은 자리에서 염사가 말을 했다. 오랫동안 누워계셨다고 들었는데 욕창이 한군데도 없다며 지금까지 이렇게 깨끗한 몸 상태인 망자는 보지 못했다는 말을 했다.

목욕을 시켜드리고 나서 욕창이 생기려는 부분에 약을 발라드리면 약의 효능이 좋았던지 괜찮아졌다. 이미 신진대사가 원활하지 않고 생명의 불꽃이 사그라지는데 아무리 좋은 약인들 효험이 있었을까? 증손자의 재롱이 그 어떤 약 보다도 좋았을 것으로 생각한다. 요양원에서 간병인들의 전문적인 손길보다는 잘해 드리지는 못했도 가족들 곁에서 증손자의 재롱으로 순간순간 함박웃음을 웃으시던 것이 고통을 덜어드리는 약이 되었다고 여긴다. 돌아가신 뒤 한 줌의 재로 변한 어머님의 유골 앞에서 후회하며 눈물을 흘리지 않으려면 살아 계실 때 최선을 다 하자고 결심한 일이 지금 생각하면 참으로 잘한 일로 생각 된다. 유명(遺命)을 달리하신 어머니가 그리울 때가 있다.

손자가 가끔씩 심각한 얼굴로 눈물을 글썽이며 내 주름진 손을 만지고 얼굴을 쓰다듬으며 "할머니도 나이 들면 죽어?"라고 하면서 할머니가 오래오래 백 살까지 살았으면 좋겠다더니 대뜸 네잎 클로버에 소원을 빌면 그 소원이 이루어지냐고 물었다. 어떤 소원을 빌고 싶으냐고 하자 할머니 할아버지 엄마아빠가 백 살까지 살 수 있게 해 달라는 소원을 빌고 싶다고 했다. 그리고는 "나는 나이를 더 이상 먹지 않았으면 좋겠다."는 말을 하니 일곱 살 아이의 말에 웃어야할지…….

우리 할머니

몽실한 털북숭이 버들가지는 개울물 소리에 잠을 깨어 가지마다 토실토실 오디처럼 꽃을 달고 있었다. 봄바람이 부드럽고 볕이 따스하면 겨우내 땅에 납작 붙어 있던 보리가 일어난다. 그 즈음 움막의 고구마도 바닥이 났다.

개울가 빨래터에는 겨울 옷가지를 죄다 모아 나와서 빨래하는 아주머니들과 따라 나온 조무래기들로 빨래터는 부산스럽다.

천변 양지바른 곳에 모닥불 피워 솥도 걸어 놓았다. 봄이라 하지만 골짜기에서 흘러내려온 물은 손이 아릴만큼 찼다. 장갑도 없이 빨래를 하다 손이 오리발처럼 발갛게 부풀면 피워 놓은 모닥불에 손을 쬐었다. 빨래터 아래의 개울물은 허연 비눗물이 모였다가 돌 틈 사이를 흘러 모래무지에 닿을 즈음 물은 맑아 있었다. 물은 저들끼리 더럽다고 밀어내지도 않고 깨끗하다고 빼기기지 않고 어우러져 아래로 흘러간다.

어머니가 할머니의 속바지를 흔들자 고기 떼들이 모여 들었다. 사람들이 소곤거렸다. 우리 할머니께서 노망나서 옷에다 똥을 쌌다고 나는 어머니가 미웠다. 할머니의 흉을 보는 동네 아주머니들도 미워서 뽀로통한 표정으로 빨래하는 어머니를 빤히 바라보았다.

아무도 없을 때 우리끼리 왔으면 울 할머니 창피하지 않을 텐데 사람들과 같이 빨래하려 왔냐는 내 눈총을 알아차린 어머니께서 사람들을 향하여 눈을 껌적껌적하셨다. 사람들이 고개를 살래살래 흔드셨다. 새치름한 내 표정을 흘금흘금 보시던 밀양 댁이 핏줄이 "무섭네!"하시며 입을 삐죽이셨다.

할머니는 우리 자매들이 돌을 넘기면 하나같이 어머니 방에서 할머니 방으로 데려가셨다. 맛있는 음식이 생기면 당신 입에 넣지 않으시고 갈무리 해 두셨다가 우리들에게 먹였다. 내가 철들면서 알기로는 겨울에는 추울세라 날이 밝도록 솜이불을 여미어 주셨고 여름에는 노란 부채를 손에 들고 더위와 모기를 쫓느라 날 밤을 새우시기도 하셨다.

할머니께서는 좋은 햇과일은 우리들에게 먼저 따 주셨다. 상품가치가 있는 것은 팔아야 한다며 흠집 있는 것만 주시던 어머니보다 우리들을 늘 최고로 보살펴 주시던 할머니가 더 좋았다.

밤마다 자매들끼리 벌어졌던 할머니의 팔베개 쟁탈전 할머니를 가운데 눕게 하고 우리들은 팔 하나씩 차지하려고 한동안 실랑이를 벌였다. 할머니의 팔이 셋이라면 세자매가 공평하게 차지하였을 테지만 잠이 들 때 까지 옴짝도 못하시고 팔이 저렸을 텐데도 할머니께서는 귀찮아하지 않으셨다. 우리 셋 중에 누군가가 삐졌다가 먼저 잠들면 밀어내고 그 자리에 파고드는 일이 밤마다 벌어졌던 것이다.

할아버지께서는 어머니께서 시집오시기 전에 이미 타계하셨고 할머니와 집안 일가들에게 들은 이야기는 하인에게 돈 궤짝을 걸머지우고 말을 타고 광산과 노름으로 재산을 탕진하셨다고. 어떤 때는 3년씩이나 부재중이셨단다. 증조모께서 얼마나 속상하셨는지 우리 할머니한테 "아가 너는 자식 공부시키지 말고 무식꾼을 만들어라." 고 하셨단다. 가세가 기울자 할머니께서 결심을 하시고 당신의 막내 시동생과 일본으로 가셨던 것이다. 할머니께서 떠나시던 날 할아버지께서는 부두까지 뒤 따라 오셔서 남녀가 유별한데 외간 남자들과 어깨를 나란히 하고 줄을 서 있으니 좋으냐고 하셨지만 할머니의 의지는 꺾지 못하셨던 것이다.

할머니께서는 일본에서 공사장 인부들을 상대로 밥집을 하셨는데 얼마 지나지 않아서 고물상을 하면 돈벌이가 괜찮다는 것을 아시고 시작 하셨다고. 말이 통하지 않은 남의 땅에서 처음에는 애로점이 많더라고 하셨다. 그중 한 일화는 계란은 사야겠고 일본 말은 안 되고 궁여지책으로 암 닭이 알을 놓고 우는 흉내를 내었더니 상점 주인이 단박에 눈치 채고 웃으면서 계란을 내주더라고 하셨다. 철없던 어린 시절에 그이야기를 들으니 어찌나 재미있던지 할머니를 졸라서 몇 번이나 들었다.

밥장사와 고물상으로 잃은 재산을 만회 하셨던 것이다. 할머니는 요즘의 슈퍼모델만큼이나 키가 크고 늘씬하셨다. 여자가 배워야 할 솜씨도 그만이셨다. 사람들이 바느질 하다가 궂힌 옷도 할머니 손을 거치면 좋은 옷 모양이 되었다. 역사와 유머를 잘 하셔서 어떤 사람과 대화를 나누시더라도 말문이 막히지 않으셨다.

내 어려서 제문이나 편지글을 부탁하러 먼 동네에서도 찾아 왔다. 편지 글은 주로 사돈 간에 보내는 문안편지와 부모가 시집간 딸에게 보내는 안부편지가 많았다.

옛날에는 부모님이 돌아가시면 일 년이나 삼년 후에 탈상을 했다. 탈상에는 저녁제와 새벽 제를 지냈는데 이때는 출가한 딸들이 주로 제물을 준비했다. 딸이 여럿이면 큰딸은 저녁제를, 작은 딸은 새벽 제를 맡았는데 제문까지 곁들여야 성대하다는 소릴 들었으니 너도나도 다 그렇게 한 것이다.

제문의 내용은 부모님의 죽음을 애통해 하는 자식의 마음을 표현한 문장으로 서술하였다. 이것을 목소리 좋은 사람이 감정을 실어 낭독을 하면 모였던 사람들의 심금을 울렸는데 사람들은 자신의 설움에 받혀 눈물콧물 흘리며 함께 울게 되는 것이다. 제례가 끝나고 구경하는 사람들에게는 아이 어른을 구분하지 않고 떡이랑 전이며 고기를 몫몫이 나누어 주었으니 먹을 것이 흔하지 않았던 시절인지라 사람들은 마당에 모닥불을 피워놓고 제가 끝나기를 기다렸다.

치매(癡呆)라는 병은 시초에는 병이 든 것을 모르다가 진행되고 난 뒤에 알게 되는 일이 흔하다. 가족이나 주변사람들은 마음이 변했다고 했다. 치자는 병질엄부 안에 의심할 의가 들어 있는 것처럼 그 증세가 병인지 마음이 변한 것인지 잘 구별이 되지 않는 것이다.

할머니께서 내 추석치레 옷소매를 가위로 자르고 다시 잇고 계셨다. 밥을 짓는다는 것이 물을 붓지 않고 불을 지펴 솥을 새까맣게 태우기도 하셨다. 그런 일이 반복되자 당신께서도 왜 그랬는지 모르겠다고 하셨다. 우리 가족은 할머니께서 병을 앓고 계신 줄 몰랐다.

중증이 되어서야 할머니께서 노망나신 것을 알게 되었다. 우리 가족들은 온전한 잠을 잘 수가 없었다. 당신의 옷고름에 불을 붙여 밥을 지어야 한다며 부엌으로 나가기 일쑤라 집에 불이라도 날까봐 깊은 잠을 잘 수가 없었다. 화장실에 도착하시기도 전에 옷에

다가 전부 실례를 하셨다. 걸음걸이가 조절이 되지 않으셨다.

치매는 전염병도 아니고 부끄러워 할 병도 아니었으나 할머니께서 이상해지셨다는 사실을 이웃이 알까봐 쉬쉬하며 숨겼다. 옛날에는 치매라는 단어를 쓰지 않고 노망 또는 망령이 났다고 하였으니 할머니의 정신이 맑아지면 얼마나 자존심이 상하실까봐 숨겼던 것이다.

어머니와 우리 자매들은 할머니와 한방에 지내면서 할머니의 수발을 들었다. 누구보다도 어머니와 바로 아래 여동생이 가장 고생을 많이 했던 것이다. 우리가 어릴 적에는 할머니께서 밤잠을 주무시지 않고 진자리 마른자리 갈아 주시면서 보살펴 주셨는데 똥보다 더한 것을 묻히셨더라도 더럽다는 생각은 하지 않았을 것이다.

흔히 농담 삼아 하는 말이 "벽에 똥칠하도록 오래 살면 안 된다."고 하는데 할머니께서 밥과 변을 구분 못하셨다. 당신의 밥그릇에 변을 보시기도 하고 그것을 벽에다 칠을 하셨다. 지금 유추해 보면 파킨슨병도 함께 앓고 계셨던 것 같다. 그런 할머니셨지만 우리는 할머니가 싫지 않았다.

현실감각을 잃어버린 할머니의 정신은 지난 시절로 거슬러 가계셨다. 먼저 보낸 손자들을 만나러 가신다며 밤이면 당신의 옷보따리를 쌌다. 나중에는 낮과 밤을 구별하지 못하셨다. 낮보다 밤에 치매 증세가 더 심했다.

치매를 앓기 전에 할머니의 소원은 "구시월 무 잎에 갈란다."는 말씀을 노래하듯 하셨다. 할머니께서 가신다는 곳은 저세상이었다. 여름 제사가 많았던 종가집이라 음식 갈무리 하는 일도 여간 아니었고 무엇보다도 풍성한 가을에 큰일을 치루면 후손들의 고생을 덜어 주는 일이라고 하셨다.

살아생전 팔자소관은 당신 뜻대로 되지 않았으나 죽음의 길은 소원을 이루셨다. 70년 시월 초엿새 치매로 산발한 모습이 아니라 맑은 할머니 본연의 모습으로 초연하게 어머니의 손을 잡고 고생시켜서 미안하다는 말씀을 남기시고 서산에 지는 해처럼 조용히 가셨다.

그해 가을 추수를 끝내고 햅쌀로 밥을 짓자 구수 한 냄새가 집안에 진동하고 기름을 바른 듯이 밥에 윤기가 있어 구미가 당겼지만 저녁상을 앞에 놓고 우리 가족은 할머니 생각으로 목이 멨다. 벽에 걸린 할머니의 초상화가 식기 전에 어서 먹으란 듯이 웃고 계시는 것처럼 보였으나 아무도 밥을 먹지 못했다.

지금도 우리 육 남매 한 자리에 모이면 할머니의 이야기를 많이 한다. 우리들을 애지중지 생각하셨던 그 정성은 하늘 아래 다시 없을 것이다. 오늘날에는 치매도 약물 치료를 하면 병의 진행을 더디게 하여 환자는 물론이고 주변의 고통을 덜어준다고 했다. 의학이 발달하여 치매도 예방접종을 할 수 있는 시대가 오기를 바라면서 해를 거듭할수록 고종명(考終命)하기를 바라는 마음이다.

세월에 묻히는 풍경

라디오라는 것이 있다는 것을 알고 있었지만, 만져 본 것은 초등학교 3 학 년 때 작은 이모 댁에서였다. 까만 가죽 케이스에 들어 있는 라디오는 이모부님에게 친구 같은 존재였다. 초등학교를 졸업 할 무렵 이모 집의 라디오는 木枕만 한 것으로 바뀌었다. 금색 상단에 빨간 왕관 그림이 있었는데 지금 엘지의 모태인 금성이 아닌가 싶다. 작은 이모 집에는 큰 이모의 아들인 수근 오빠가 살고 있었다. 오빠가 네 살 되던 해 큰 이모께서 돌아가시자 둘째 이모가 거두었노라고 하셨다. 어느 날 수근 오빠와 함께 라디오가 함께 없어졌다는 기별이 왔다. 오빠의 나이 열 칠 팔세쯤 이었으니 47여 년 전 쯤 일이다. 당시에 라디오가 얼마만큼 귀한 물건이었든지 전당포에 맡기고 돈과 바꾸기도 하였단다. 우리 마을에 라디오가 있는 집은 두 집뿐이었다.

어느 날 읍내 전파사에서 신작로를 따라 어른들의 키 높이 보다 높은 나무 기둥을 세우고 빳빳한 전선을 여러 가닥 걸어서 마을마다 이어놓았다. 집집마다 새집 같은 스피커를 기둥에 달아 주었는데 스피커에는 음량을 조절하는 손잡이 만 달려 있었다. 전파사에서 방송을 보내면 마을전체가 같은 방송을 들었다. 이른 아침 스피크에서 우렁차게 들리던 "국민체조 시작 팔다리 운동 하나 둘 셋 넷……" 국민들에게 체조하기를 장려 하던 그런 시절이 있었다.

6.25 때 피난을 내려 와서 우리 마을에 눌러 살았다는 윤용이네, 그 집은 굶는 날이 더 많다며 봄에는 감자를, 가을에는 고구마를 내손에 들려 그 집으로 심부름을 보냈다. 윤용이네 형제들은 체형이 그런지 아니면 너무 굶어서 그랬는지 팔다리가 앙상한 것이 요즈음 TV에서 아프리카의 어린이들을 위한 모금 캠페인방송을 할 때의 어린이들처럼 그랬었다.

윤용이 큰형이 전파사에서 유선을 관리하는 일을 맡았다고 했을 때, 마을사람들은 자신의 일처럼 반가워했다. 윤용이 형이 유선을 살펴보기 위해서 자전거를 타고 마을에 나오면 젊은 사람들은 그에게 좋은 방송을 틀어 달라는 부탁을 하곤 했다. 좋은 방송이란 젊은 층들이 즐겨 듣는 프로그램을 말한다. 저녁 뉴스를 기다리다가 다른 방송이 나오면 어른들은 장날 읍내 전파사로 가서

야단을 치셨다.

라디오를 듣는 대가로 여름철에는 보리를 가을에는 벼를 주었다. 라디오에서 노래가 흘러나오면 처녀들은 노래가사를 따라 적었다가 품앗이 밭일을 할 때 공동으로 노래를 배우기도 했다. 자야 언니는 노래를 잘 불렀다. 대구의 모 방송국 콩쿠르에 나가서 3등을 했단다.

봄이면 복숭아꽃 살구꽃이 지천으로 피고 5월의 녹음 속에 아카시아 꽃향기 짙어 가면 꿀벌 떼가 분주하고 녹음을 빗겨가는 싱그러운 바람이 불었다. 산허리까지 개간한 복숭아밭에서 일하는 아낙네들의 땀방울도 씻어 주고 아낙네들의 멋들어진 유행가를 들녘으로 실어가면 논에서 일 하던 사람들은 구성진 노래에 여흥이 일어 허리를 펴고 화답하는 노래를 불렀다.

보리타작할 때는 '옹헤야', 모내기철에는 모찌기소리와 모심기소리*를 심심찮게 들을 수 있던 노동요가 사라지고 '두형 이를 돌려주오. '해운대 엘레지' · '효녀 심청' · '전선야곡' 등의 유행가가 논두렁 밭두렁을 타는 노동요가 되었다. 학교에서는 풋 복

---

* 모찌기, 모심기 소리: 모내기는 동작이 느린 작업이어서 노래도 일정한 장단이 없고 불규칙하다. 부르는 형식은 대체로 한 사람이 메기면 여러 사람이 받는 형태로 부르거나 남녀가 교대로 부른다. 널리 알려진 모내기소리로는 상주모내기소리·영양모내기소리·안동논매기소리 등이 있고 우리 고장에서는
"모야모야 노랑모야 니 언제 커서 열매 열래" 라는 선창에 이웃 논에서 "이 달 커고 훗달커서 열매 열지"라고 하는 가사도 있었다.

숭아를 먹으면 배탈을 일으킨다고 먹지 말라고 하였으나 솎아 낸 복숭아는 좋은 간식거리였다. 학교 앞 구멍가게 가판대에 올려놓은 삼각 비닐봉지에 담긴 오렌지 주스의 달콤한 그 맛을 상기하며 타박타박 걸어서 집으로 돌아와서 솎음 복숭아 한 소쿠리 주워서 우물가에서 씻어 먹으며 살아있는 가로수의 앞소절을 흥얼거리며 집안으로 들어서자 할머니께서 깜짝 놀라시며 그런 소리는 사당패들이나 하는 것이라며 입에도 올리지 못하게 하셨다.

내가 풋살구 같은 나이에 이를 즈음 우리 마을에도 라디오 있는 집이 늘어나고 유선 방송을 듣는 집이 차츰 줄어들었다. 초여름 윤용네는 어디론가 이사를 갔다. 빳빳한 전선을 훈장처럼 걸치고 으스대듯 서 있던 기둥들이 패잔병처럼 밭 언덕에도 신작로 아래 여기저기 널브러졌다. 햇볕과 비바람에 갈라지고 터진 까칠한 전선도 풀 섶에 그대로 방치되었다.

우리 집에도 라디오가 생겼다. 칸초네를 알게 된 것도 라디오 덕분이었다. 변변한 책 한권 읽을 수 없는 농촌마을에 라디오는 넓은 세상과 소통할 수 있는 유일한 통로이기도 했다.

하루가 다르게 새로운 것이 창출하는 시대, TV를 보는 집이 늘어났다. 전당포의 저당물이 될 만큼 귀한 대접을 받았던 라디오는 없어 질 것이라고 사람들이 말했다. 그러나 라디오는 더욱 세련된 디자인에 성능까지 좋게 만들어져 라디오를 가까이 하는 사람들에게 꾸준히 사랑을 받고 있다.

라디오는 귀로 청취할 수 있다는 그만의 장점을 가지고 있어 생산현장에서 일하는 사람들에게는 유용한 정보와 서민들의 희로애락의 사연을 전달하는 매개체구실을 하는 라운드를 구축했다. 운전을 하면서 라디오를 듣게 되는데 간혹 옛 노래가 흘러나오면 천연색 영화필름처럼 옛 일을 떠올리게 한다.

청천벽력 1

암이라는 병명의 진단을 받으면 본인은 말할 것도 없고 가족들도 저승사자의 초대장으로 여길 만큼 충격이 크다. 생사의 여탈권은 하늘에 달렸다지만, 죽음으로부터 헤어나고 싶은 것이 인간의 본능이다. 암은 조기 발견하여 치료만 잘하면 얼마든지 생명을 연장 할 수 있는 시대에 이르렀지만 치유하기까지 환자의 고통과 비용이 만만찮다.

사람은 태어 날 때 부모로부터 받은 유전인자 속에 이미 수명이 정해져 있다는 것을 현대의학이 밝혀내었다. 전설 속의 삼천갑자 동방삭의 나이를 계산하면 甲子년을 삼천 번이나 보냈으니 일억 팔 천 만 살이다. 저승사자가 그를 잡으려 하였으나 변장술에 능하여 번번이 놓쳐서 동방삭을 잡으려고 저승사자는 한 가지 꾀를 내었다고 한다. 동방삭이 지나다닐 만한 냇가에서 숯을 씻고 있는 것을 본 동방삭은 그가 저승사자인줄도 모르고 괴이한 일이라고 여기고 까닭을 물으니 숯이 희어질 때까지 씻는다는 대답에 동방삭은 삼천갑자를 살았지만, 숯을 씻으면 희어진다는 말은 아직 듣지 못했노라고 하자 저승사자가 냉큼 동방삭을 잡아갔다는 전설이 있다. 저승사자의 술수에 말려들어 삼천갑자를 넘기지 못한 동방삭의 이야기를 보더라도 생명이 있는 것은 영생할 수 없는 것이다.

의사선생님께서 암이라는 병명의 진단을 내렸을 때 천둥번개에 놀란 꿩보다 더 허둥거렸다. 의학이 발달했다지만 암은 여전히 두렵고 불안한 병이다. 천 길 낭떠러지로 떨어지는 느낌이 그랬을까. 없는 사람이 핫바지 두 벌이 생기면 죽는다하더니 육지에 발을 붙이고 살만하니 병마가 찾아 든 것이다.

우리 부부는 전선 없는 전쟁을 선포했다. 적은 두 말 할 것 없이 남편의 간세포 속에 숨어 있는 암 덩이었다. 적과 싸우려면 무엇보다도 적을 알고 나를 알아야 했다. 병이 들지 않았다면 좋겠지만 순응하고 치료에 임하기로 했다. 지인들의 병문안을 가서 가망이 없는데도 치료에 매달리는 모습을 보면서 남아있는 시간을 병원에서 보낸다면 허무 한 시간이 될 것 같아 자유로이 생활하다가 임종을 맞이하는 것이 좋겠다는 말을 가볍게 하였는데 막상 남편이 이런 상황에 놓이자 사람의 마음처럼 간사한 것이 없다더니 어떻게 하더라도 병을 고쳐야 한다는 쪽이 지배적이었다.

암 치료 방법은 환자의 신체적인 특성이나 병의 진행에 따라서 환자마다 다르단다. 여러 가지 치료의 경로를 놓고 고민을 했다. 경동맥화학색전술(TACE)을 할 것인가 아니면 개복을 하고 암세포를 적출할 것인가를, 경동맥화학색전술(TACE)을 간단하게 서술하면 간세포에 영양공급 하는 혈관에 항암제를 투여 한 뒤 그 혈관을 막아버리는 치료법과 혈관을 막지 않고 항암제만 투여하기도 하는데, 남편의 간 조직 속에 암세포가 있는 부위나 크기로 봐서 전자를 선택했다.

간 조직은 2개의 혈관에 의해 산소 및 영양 공급을 받는다고 했다. 하나는 소장 및 대장 등을 돌아 나오는 문맥이라는 혈관, 다른 하나는 대동맥에서 직접 나오는 간 동맥이다. 항암제 투여 후 혈관을 막으면 정상적인 간 조직은 크게 손상 없이 암 세포만 영양공급을 받지 못해 괴사한다고 했다. 시술 방법은 오른쪽 다리의 사타구니에 위치한 대퇴동맥을 통하여 2~3mm 정도의 관을 삽입하고 이 관으로 카데터(Catheter)라는 약을 주입하는데 카데터가 간 동맥에 들어가면 혈관 종영제를 주사하면서 간 동맥 조영사진을 보내면 종양의 위치, 크기 및 혈액 공급 양상 등 치료에 필요한 정보를 얻을 수 있다는 것이다.

시술은 보통 1시간 정도 걸리지만 환자의 간 동맥 분지(分枝)양상과 종양의 동맥분지 분포가 복잡하면 시간이 더 걸린다고 했다. 암의 치료과정이 얼마나 고통스러운가는 암환자를 가까이서 지켜 본 사람들은 알 것이다. 부부는 일심동체라지만 고통은 오롯이 환자 자신의 몫이다.

『손자병법』에 전쟁을 하려면 국가의 조직, 지형의 판별, 다양한 공격과 방어전술 병참업무 심리전과 첩자이용 등 전반적인 군사문제를 세밀하게 논하고 있다. 능통한 군사 전문가가 작전을 짜고 진두지휘해야 하는 것처럼 남편의 간에 진을 치고 있는 암을 전멸 시킬 수 있는 유능한 의사를 찾아야 했다. 우리 부부는 서울과 부산이라는 지역을 놓고 한동안 고민을 하였다. 삶의 근거지 가까운 병원으로 돌아 올 수밖에 없는 현실이 될 경우를 생각하니 서울에서 수술 하는 것만 능사가 아닐 것 같아서 서울의 병원에 버금가는 병원을 알아보기로 했다.

1차 시술 후 중환자실에서 깨어난 남편의 상태는 소금에 절인 배추처럼 만신창이였다. 항암제를 투여 한 증상으로 고열이 지속되었고 음식을 섭취하지 못했다. 시술 한지 3일 만에 퇴원을 했다. 그런 상태로 삼일 후 출근을 하였으니 남편의 강한 의지에 새삼 놀랐다.

운동선수로 무에서 유를 창조한다는 귀신 잡는 해병대의 정신력으로 버틴 것이다. 암세포와의 전선 없는 전쟁은 한 번의 시술로 전멸되기를 바랐지만 1차 시술에서 암 세포가 남아 있었다. 1개월 후 다시 2차 시술을 했다. 검사와 시술하기를 거듭하면서 꽃 피는 봄이 속절없이 지나갔다. 여름이 가고 가을의 문턱에 닿았다. 시술을 하고나면 음식을 제대로 먹을 수 없었지만, 남편은 여전히 직장에 출근을 했다.

3차 시술을 하였으나 만족한 결과를 얻지 못했다. 우리는 작전회의를 다시 짰다. 적을 알고 나를 알면 백전백승이겠지만, 몸속에 숨어있는 암 세포를 몸 밖으로 끌어내어야 완판 승을 할 것 같았다.

'동남권 원자력' 암센터를 둘러보고 소화기외과의 임창섭 과장을 만났다. 그는 우측 하단부에 얌전하게 자리 잡고 있는 암세포가 더 퍼지기 전에 간의 우엽을 ⅔ 정도를 절취하는 것이 최선이라고 했다.

암환자들은 병원이나 의사에게 고소득을 올려주는 왕손님이다. 왕 고객을 놓치는 의사는 능력이 부족하다는 말을 들을 것이다. 암환자는 병원의 왕 고객이라는 말을 하면 의료계에 종사하시는 분들은 발끈하겠지만 틀린 말은 아니다.

의사들은 항상 예견을 두고 말을 한다. 수술 할 때는 없던 암세포가 복병처럼 나타 날 수 있다는 가능성을 열어 놓는다. 한 번

앓은 병은 언제고 재발하는 예가 있기 때문에 그 가능성을 염두에 두는 것이다.

남편은 당뇨와 고혈압과 친구가 된지 꽤 오래 되었다. 이런 상태에서 선불리 간을 추출한다는 것은 최선은 아니었기에 시술을 선택했는데 망설이다가 수술할 시기를 놓친다면 후회막급이 될 수도 있었다. 수술에 대한 확신을 얻고 싶었다. 만약에 과장님의 가족이라도 수술하는 방법을 택하겠냐는 나의 질문에 서슴없이 그렇게 할 것이라는 대답을 시원하게 했다. 평소에는 어려운 일이 닥쳐도 침착했는데 그 상황에서는 사막에서 길을 잃고 헤매는 심정이었다. 그때까지 어느 누구에게도 사실을 말하지 않았다. 오만한 자존심이라고 말 할련지 모르겠으나 동정어린 시선의 병문안문은 오히려 환자를 비참하게 만들 수 있기 때문이었다. 남편의 수술을 결정 하고나서 두 지인에게 "남편이 십년만 더 살았으면" 좋겠다는 속마음을 털어 놓았더니 요즘은 의술이 좋아서 꼭 그렇게 될 것이라는 위로의 말을 들었다. 형제일신은 나와 같아서 그들도 가슴이 아릴 것 같아서 알리지 않았다.

돌아보면 여기까지 오는 동안 순탄하게 살아온 삶이 아니었다. 오대양 육대주가 좁다는 듯 누비고 다녔던 사나이 가장이었기에 억척스럽게도 파도를 헤치며 살아온 사람이다. 가진 것 없는 사람이 처자식 고생 시키지 않으려면 몸으로 세상살이에 부대껴야 했다. 수만리 아니 지구를 수 없이 돌면서 고생했던 남편의 젊은 날을 떠 올리자 뜨거운 것이 내 목구멍을 털어 막았다. 아직은 우리 곁에 머물러 있기를 간절하게 바라며 수술동의서에 사인을 했다. 남편 또한 생명의 불꽃이 이곳에 머물기를 원할 것이라고 믿으면서.

청천벽력 2

사람이 살다보면 온갖 일을 겪게 된다. 어른들이 말씀하셨다. "명이 남았는데 죽는 사람 보지 못했고 명운이 다했는데 사는 사람 없다고" 의학의 발달로 인간의 수명이 연장되고 있으나 죽음은 피할 수 없다. 나는 현대의학 혜택을 톡톡하게 입었다. 옛날에 태어났더라면 24살을 넘기지 못했을 것이다.

자신의 생명을 던져서라도 새끼를 지키려는 것이 어미의 본능이라고 한다. 임신중독증 상태에서도 포기할 수 없었던 태아 여섯 번 쓰러졌다. 임신 5개월째 의사는 더 이상 임신 상태가 지속된다면 생명이 위험하다고 수술을 권했다. 내 목숨이 다 할 때까지 태아와 함께 할 것이라는 각오로 버티었다. 일곱 번 쓰러진 후 혼수상태로 하루, 이틀을 넘기자 남편은 보호자로서 결단을 했단다. 태아를 포기하고 아내를 살리는 선택을 한 것이다. 오늘 날 병원시설과 의료장비가 좋아졌지만 임신중독은 여전히 그 원인을 밝혀내지 못하고 산모와 태아를 위험에 빠뜨리는 일이 종종 있다고 한다.

70년대 중반까지만 해도 우리나라의 출산문화는 제왕절개라는 단어에는 익숙하지 않았다. 76년 6월 27일 남편의 결단력과 현대 의학의 혜택으로 일신기독병원에서 수술을 했다. 우리 모자는 광명의 빛을 보게 된 것이다. 죽을 고비를 여러 차례 넘기면서 포기하지 않았던 아이 그래서인지 가끔 아주 작은 미숙아를 성공적으로 살렸다는 다큐멘터리를 보면 뜨거운 박수를 보낸다.

앙상한 뼈와 시든 무 같이 여물지 못했던 아이는 이 세상에 태어난 후로는 건강하게 잘 자라 주었다. 어미를 편하게 하려는 듯 잠도 잘 자고 병치레 없이 자라서 초등학교에 입학한 후로는 혼자서 씩씩하게 치과에도 다녀 열 아들 부럽지 않았다.

2012년 6월 27일 아침 10시에 남편의 수술날짜가 잡혔다. 우연치고는 기막힌 우연이다. 37년 전 오늘 의식불명이던 상태에서 수술하고 우리 모자가 살아나서 이렇게 건강하게 살고 있듯이 당신도 깊은 잠에서 깨어나면 앞으로 37년간은 거뜬하게 살 수 있을 것이라며 나는 남편의 귀에 대고 속삭였다. 예감이 좋았다. 수술실문이 닫혔다. 수술에 소요되는 시간은 9시간 정도 그보다 더 소요될 수 도 있다고 했다.

남편을 한자로 풀이하면 편한 사내다. 비행기를 타거나 기차를 이용 할 때 옆자리에 낯선 남자와 동행을 하게 되면 불편하기 이루 말할 수 없다. 세상에서 남편보다 더 편한 남자는 없다.

부부는 돌아누우면 남이라고 하지만 목표를 같이 하고 한 이불을 덮고 보낸 세월 속에 남편은 편한 남자가 되어 있었다. 지난날 아내를 수술실에 들여놓고 마음을 졸였다던 남편처럼 나도 기도를 했다. 한 가지 걱정이라면 개복을 하고 장기를 들어 낼 때 뱃살이 많다는 점이었다. 9시간 걸리는 수술이라고 쉽게 말을 하지만 생명을 다루는 의료진들도 부담스러웠을 것이다. 9시간이 지나갔다. 간이 타들어 간다는 표현이 적절할는지…… 40분정도 경과하자 중환자실로 옮겨간다는 문자가 왔다. 중환자실로 내려갔다. 중환자실에서는 환자의 숨소리에도 심혈을 기울이는 일대일 간호로 보살피고 있었다. 특수 비닐 팩으로 전신을 감싸놓고 따뜻한 바람으로 몸을 덥혀도 연신 춥다고 하소연을 했다. 부들부들 떨면서 "당신 시극 연습하러 가지 못해서 어쩌지"라는 말을 하기에 아무것도 생각지 말라고 했다. 어떤 남편이 이 지경에 처하여 아내가 하는 일을 걱정할까. 이래서 남편이 나보다 더 오래 살기를 바라는지……

수술을 한 후 7개월 동안 항암제 투여를 여덟 번 했다. 항암제 투여 후 고통은 온전히 남편의 몫이었다. 가족들 앞에서 내색하지 않으려고 무던히도 노력하는 그 투지가 고마웠다. 보통 사람들은 십중팔구는 음식을 못 먹어서 드러눕는다던데 힘들어 하면서도 운동하러 다녔다.

항암제 투여 후유증으로 피부에 우둘도돌한 돌기가 생기고 머리카락이 빠졌다. 고통스럽다는 말은 하지 않았으나 남편의 눈빛만 봐도 알 수 있었다. 암흑시대 같던 항암제 투여가 끝났다. 긴 겨울 다시는 봄날이 오지 않을 것 같던 대지에 봄이 오고 꽃이 피고 녹음이 우거졌다. 남편은 건강을 되찾아 가고 있다. 손자와 TV 리모컨 다툼으로 냉전을 하였다가 금방 화해하면서 시간을 정해 놓고 소파에 나란히 앉아서 시청을 한다. 이런 자질구레한 일들이 알콩달콩한 노년의 행복이다.

제2부

인연

가족 곁으로 돌아 온 남편

아침밥을 준비 한다. 태양은 동쪽에서 떠서 서쪽으로 넘어가는 반복된 일상인데 우리 가족에게는 오늘 이 아침은 예사 아침이 아니다. 남편이 돌아 왔다. 오대양을 떠돌며 지구 반대편을 돌고 해풍에 그을리고 청춘을 묻은 바다 생활을 청산했다. 우리 가족은 같이 밥을 먹고 한 공간에서 생활할 수 있기를 기다린 세월이 자그마치 27여년 결혼하기 전부터 승선하고 있었으니 남편은 30여년 만에 꿈을 이룬 셈이다. 남들은 그냥 누리는 일상인데 우리 가족에게는 꿈이었던 것이다. 밥상을 차리는 내가 행복해보였던지 어머니께서 한 말씀을 하셨다. "가진 것 없는 부모 만나서 너희 부부 고생도 많이 했다." 어머님께서도 좋으실 것이다. 세상 어느 부모가 자기 자식 고생하는 것이 애처롭지 않으랴! 그동안 말씀은 안하셨어도 어머니의 마음이 편치 않으셨을 것이다. 어머님은 한창 젊은 시절에 혼자가 되셨다. 칠남매를 여자 혼자서 세상을 살아 내기란 쉽지 않으셨을 것이다. 어머님께서 돌아가시기 전에 이렇게 살 수 있는 모습을 보여드리게 되어 마음이 가볍기도 하다.

부부는 같이 살면서 우스우면 웃고 슬프면 눈물을 흘리고 때로는 섭섭하다고 오감을 표현하면서 사는 것이 행복인 줄 몰랐다. 하루하루가 소중한 나날이었던 것을 젊을 때 푸념은 어서 세월이 빨리 흘렀으며 하는 마음이 들기도 했다. '신선놀음에 도끼자루 썩는 줄 모른다.'는 말처럼 만나면 헤어지고, 헤어지면 그리워하면서 온갖 것을 감내 했다. 젊음과 꿈이 있다는 것은 현세의 행복이다. 남편이 고생하는 덕분에 호의호식은 아니더라도 부족함 없이 생활 할 수 있었다. 남편과 함께 생활하지 못하고 있다는 것 하나가 내 삶이 풍요롭다는 생각을 못했다. 어느 날 남편의 머리에 흰 머리카락이 늘어나 염색을 했다. 든든하게 느껴졌던 두 어깨가 아들 녀석의 어깨 보다 약해 보였다. 이제는 우리가 남편을 보듬어 줘야 한다는 것을 많은 세월이 흐른 다음에 알게 된 것이다.

강산이 세 번이나 바뀔 세월을 바다에서 보내고 뭍으로 돌아온 것이다. 우리 가족이 이별하지 않고 육지에서 살 수 있기까지는 여러 가지 시행착오도 겪었다. 리허설이 없는 삶 실패의 경험도 재산이 되었다. 비싼 수업료를 지불 한 셈이다.

남편이 선원생활을 청산 했을 때 친정어머니께서 “박 서방 무사하게 가족들 곁으로 돌아와 주어서 고맙네!” 하시며 사위의 손을 잡고 하신 말씀이셨다. 우리 가족은 남편의 영구 귀국으로 마음의 풍요를 얻었다. 해풍에 그을린 얼굴과 주름은 세월이 안겨준 인생 훈장이다. 이제 남편의 나머지 삶은 가족들 곁에서 함께 할 것이다. 어떤 이들에게는 무덤이 된 바다 미안한 마음으로 오늘아침 그들의 명복을 두 손 모아 빌어본다.(2001.7.1.)

대한민국은 천국이다

십 오륙 년 전 선박으로 남아프리카 공화국엘 갔다. 지금처럼 여행사에서 아프리카지역의 여행상품을 홍보하지 않을 때라 남아공에 대한 정보는 다이아몬드의 생산이 세계 1위이며 계절이 우리와 반대가 된다는 것만 알고 있었다. 15만 톤급 화물선 아틀라스는 인도양을 14노트로 한 달 가량을 항해한 끝에 리차드베이 항구에 닻을 내렸다. 첫발을 내딛은 남아공. 면세점 직원이 "유어 프롬" 하기에 "사우서 코리아"라고 응답을 하자 "아름답다 부산?" 이라는 우리나라 말을 유창하게 했다. 지구 반대편에서 한국어를 들었을 때의 기분은 낯선 타국에서 지인을 만난 그런 기분이었다. 부두 면세점 직원인 그가 나에게 물건을 팔아먹을 속셈으로 아름답다고 하였겠지만, 우리나라의 위상이 높아졌다는 생각도 들어 어깨가 으쓱해지며 기분이 좋았다.

몇 해 전 까지만 해도 일본은 세계인들이 많이 알고 있지만 대한민국은 잘 모르더라는 것이 외국을 다녀오는 사람들의 말이었다. 그런데 보라! 지금 외국 노동자들이 밀려오고 있다. GNP가 낮은 나라의 아가씨들은 제2기인 결혼을 통해서 꿈을 이루려고 대한민국 남성들에게 시집을 온다. 그 옛날 인생 선배들이 이상을 쫓아 선진국으로 갔듯이.

지구에는 4,000개 내지 5,000개 정도의(가장 적게 잡아도3,000개, 많으면 10,000 개 정도) 언어가 있다고 한다. 그 많은 언어 가운데 외국인들은 대체로 영어 · 프랑스어 · 중국어 · 독일어 · 에스파냐어 · 러시아 · 아랍어 등을 선호하였다는데 이제는 한국어도 세계의 언어 대열에 들어가 한국어를 배우려는 외국인들이 늘어 가고 있다고 한다. 티베트 어느 부족은 우리 한글의 초성(初聲)과 중성(中聲)만 가지고 그들의 글자로 삼았다고 하니 이 얼마나 자랑스러운가? 596년 전 우민(愚民)한 백성들을 위하여 만들어진 한글을 오늘 날 외국인들이 배울 것이라고는 세종대왕은 꿈에서라도 생각하지 못했을 것이다. 지하자원도 없는 나라에서 인력하나만으로 국제시장에서 made in korea 상품이 인정을 받기까지 선구자들의 피땀 흘린 노력과 허리 띠 졸라매고 이 땅을 지켜온 민초들의 덕분일 것이다.

무거운 등짐을 지고 꾸불꾸불한 논두렁 밭두렁을 돌아서 가느니 지름길을 건넜던 습관이 '빨리빨리'의 문화로 정착되지 않았나 싶다. 활등 같은 굽은 산은 깎아내리고 태산준령은 뚫었다. 낮은 강바닥과 골짜기에 교각을 세워 우리 기술로 고속도로를 만들었다. 하늘 길을 열었고 거미줄 보다 복잡하게 얽힌 지하철도 만들었다.

호롱불로 어둠을 밝히고 조가비처럼 산기슭에 붙어 있던 초가지붕이 사라졌다. 60년대 우리농어촌사람들이 부러워했던 덴마크의 농촌 풍경이 오늘 날 우리 농어촌의 현주소가 되었다. 경운기로 논밭을 갈고 트랙타로 수확을 하고 농로에는 자가용들이 즐비하게 세워져 있다.

허기를 면하려고 챙겨먹던 끼니는 건강과 위생을 고려하여 대중요식업소에서는 남은 음식은 재사용불가다. 배가 불러서 먹지 않고, 먹기 싫어서 안 먹고 맛이 없다는 등의 이유로 남은 음식들은 쓰레기통에 버려진다. 부모님들 세대는 식량대용으로 먹었던 고구마 · 감자 · 옥수수 · 수수 · 보리 · 콩 등은 쌀 보다 귀한 대접받는다. 국산은 동이 날 지경이다.

"앞산 뒷산 다 잡아 먹고 입만 쩍 벌리고 있는 것은 무엇이게?", "아궁이", "울타리 밑에 누른 궁둥이를 쏘옥 내놓고 있는 것은?", "호박" 내가 자란 시절의 수수께끼들이다. 벌거숭이 민둥산에 메아리도 살 수 없어 나무를 심어야 한다며 4월 5일을 식목일로 정해 놓았다. 식목일 날 손에 묘목을 들고 산에 올라 나무를 심던 일이 어제 같은데 숲이 우거진 산, 호랑이가 없는 산에 멧돼지가 왕초가 되어 떼로 몰려다니며 농작물의 피해 뿐만 아니라 인가에까지 내려와 사람도 습격을 한다. 섶나무 울타리에 올려놓은 호박 넝쿨은 한여름에는 집안을 가려주는 담장이 되었다가 아름드리 호박이 익은 풍경은 기억 속에서나 더듬어 볼 따름이다.

앞가슴 여미게 하는 찬바람이 불면 어머니들은 손길이 분주 하셨다. 맨손으로 겨우 살이 준비를 하셨다. 나무껍질처럼 거칠어진 손 밤이면 그 손이 아려서 자식 오줌을 바르시던 어머니들.

세월이 변했다. 밥은 전기밥솥이 아니 마트에서 진공 포장된 밥을 사서 데우기만 하면 갓 지은 밥처럼 된다. 아내들은 계모임 날 맛 집을 찾아서 자동차로 한 시간거리도 마다않고 찾아 간다. 외출하는 아내에게 "어디 가?" 이렇게 물으면 간 큰 남편이란다. 퇴직한 남편들은 부엌의 살림살이 구조를 먼저 익히지 않으면 밥을 굶게 된다고 한다. 백화점에 가보면 세상 돌아가는 현주소를 눈치 챌 것이다. 옷이 없어 떨던 서러움도 배가 고팠던 恨도 궁핍했던 시절의 이야기는 바람에 날려 보내도 무방할 일이다. 그러나 잊어버리면 안 될 꼭 전래되어야 할 것이 있다.

고조선(古朝鮮)이래 외세의 말발굽아래 수 없이 침략을 당할 때마다 민초들은 달아나지도 못하고 피를 흘렸던 통한의 역사. 문화재가 가장 많이 소실된 때는 몽고의 침입기라고 한다. 남의 나라에 짓밟혔던 아픈 역사, 역사를 고쳐 쓸 수는 없다. 외세에 짓밟혔던 일이 얼마였던가? 나라가 기울어지면 가장 비참해 지는 것은 여성과 아이들이었다. 고려시대의 貢女가 있었고 일제강점기에는 위안부가 있었다. 일본은 지금도 침략근성을 버리지 못하고 독도가 자기네 섬이라고 주장을 하고 있다. 역사는 되풀이 된다고 한다. 부모가 못났다하여 그 부모를 바꾸거나 버릴 수 없듯이 부끄러운 우리의 역사지만 지울 수 없다. 과거를 교훈삼아 어느 나라에도 당하면 아니 된다. 잘난 사람은 잘났다고 이 땅을 떠나지만 더 많은 사람들이 남아 있다. 외국인들이 몰려오고 해외로 나갔던 동포들이 돌아오고 싶어 하는 그런 나라로 만들어야 한다. 휴전으로 분단된 국토이지만 대한민국은 천국이다. 衣食住가 해결 되었다 하여 천국이라고 말 하는 말이 아니다. 치안이 어지럽지 않고 우리말과 글이, 우리 음식이, 우리 음악이 우리 옷이 우리 영화를 세계인들이 좋아하고 있다. 싸이의 '강남스타일'을 지구 반대편에서도 열광하는 것만 보아도 그렇지 않은가.

간(肝)과 쓸개에 대한 관용어

줏대 없는 행동을 할 때 “배알도 없는 놈”이라는 말을 하는데 배알은 창자를 속되게 이르는 말이다. 자신의 목적을 달성하려면 때로는 ‘간과 쓸개도 없는 것처럼’하는 처세술에 능해야 목적을 이룰 수 있는 것이 사회생활이다. 영업직에 종사하는 사람들 대부분 상대방의 마음에 쏙 들도록 합당한 양식의 절차에 만족할 수 있는 행동을 상대방에게 보임으로써 영업의 목적을 달성할 수 있다. 물이 너무 맑으면 고기가 살지 못하듯 자신의 지조를 굽히지 않으면 세상에 어울리지 못한다거나 융통성이 없다는 소리를 듣기도 한다. 그렇다고 입에 발린 말만 하면 아첨이나 비위를 맞추는 꼴이 되어 “간도 쓸개도 없다”, “쓸개 빠진 놈”이란 말을 듣는다. 인체 가운데 간과 쓸개를 들먹이며 지조나 줏대를 갈음 하는 관용어로 쓰인 예가 많은데 예를 든다면 “간에 붙었다 쓸개에 붙었다." "간도 쓸개도 빼놓았다." 등이 있다.

중국의 춘추 전국시대(戰國時代) 넓은 땅을 차지하려는 제왕들의 정복욕을 가늠할 수 있는 고사가 오늘날 까지 전래되고 있다. 어제의 적이 오늘의 동지가 되고 오늘의 동지가 내일의 적이 되었던 것이 전국시대(戰國時代)의 국가 간이 아닌가 생각한다.

와신상담(臥薪嘗膽)은 초나라와 오나라 사이에 얽힌 고사로 초나라 오사(伍奢)의 아들 자서(子壻)는 아버지가 죽임을 당하자 오나라로 도망을 갔다. 자서는 오나라 병사들을 이끌고 자신의 고국인 초나라 수도까지 쳐들어 갔다. 오나라는 세력을 확장하기 위하여 이웃의 월나라를 쳤다. 전투 중 오나라 왕 합려(闔閭)가 부상당하여 죽었다. 합려가 죽자 그의 아들 부차가 오나라의 왕이 되었다. 아버지의 원수를 갚기 위하여 아침저녁으로 사람을 시켜서 "부차야! 월나라 사람이 너의 아버지를 죽인 것을 잊었느냐!" 라는 말을 외치게 하여 아버지의 죽음을 상기시켜 복수의 칼날을 세우게 한 것이다. 주나라 경왕 26년에 부차는 월나라를 쳐서 승리를 거두었다. 월나라 구천왕은 오나라 왕 부차에게 치욕을 당하느니 죽으려고 하는데, 그때 그의 신하 범려가 훗날을 도모할 것을 아뢰었다. 구천은 군사를 이끌고 오나라로 가서 자신은 신하가 되고 그의 아내를 첩으로 삼으라고 하였다. 이때 자서는 월나라 왕인 구천을 죽일 것을 청하였으나 부차는 자서의 말을 듣지 않았다. 구천은 부차의 신하를 매수하여 월나라로 돌아 갈 수 있었다. 고국으로 돌아가서 정사(政事)는 대부에게 맡기고 섶나무에 누워 쓸개 맛을 보면서 범려와 함께 십 년여 동안이나 백성과 군사를 증강하여 마침내 주왕 4년에 오나라를 침략, 세 번이나 승리를 거두었다. 이번에는 오나라 부차가 월나라 구천에게 화해를 청하자 구천의 신하인 범려가 안된다고 했다. 부차가 죽음을 앞두고 말하기를 "내가 오자서를 볼 낯이 없구나!" 하고는 수건으로 얼굴을 가리고 자결한 것이다. 월나라 왕은 신하를 잘 두어 치욕을 씻을 수 있었고 부차는 신하를 잘못 두어 멸망한 것이다. 와신상담(臥薪嘗膽)은 섶나무위에 누워 곰쓸개 맛을 본다는 뜻인데 전의(轉意)하여 원수를 갚거나 어떤 목적을 달성하기 위하여 괴로움을 참고 견딤을 비유하게 된 사자성어다.

간과 쓸개는 서로 붙어 있다는 것을 오늘 날에야 개복(開腹)을 하지 않고도 고도로 발달한 의술장비로 우리 몸속을 훤하게 볼 수 있지만, 아주 먼 옛날 인체의 장기와 그 생김새며 역할을 어떻게 알게 되었는지 경이롭다. 간이나 쓸개를 떼 내어도 생명에는 지장이 없다는 것을 옛날 사람들은 어떻게 알았을까? "간이 부었나?", "간이 콩알만 해졌다", "간이 배 밖에 나왔나?", "간도 크다", "간담이 서늘하다."는 말을 하는데 오늘날에는 간이 배 밖으로 나와야 살 수 있는 사람들이 많다. 간세포 검사, 간 이식, 간암 등을 수술하려면 먼저 조영 술로 일부의 간세포를 배 밖으로 꺼내어서 조직 검사를 하고 그에 따른 치료를 한다. 간은 우엽과 좌엽으로 나눌 수가 있다. 쓸개를 담낭이라고도 한다. 담낭은 없어도 생명에는 지장이 없다. 담낭은 간의 우측 즉 우엽에 붙어 있으면서 간에서 생성된 효소가 남으면 저축하였다가 음식을 과다 섭취 하거나 위액이 모자랄 때는 담즙을 분비하여 간을 도와주는 역할을 하므로 간과 쓸개 중 어느 한 쪽의 상태가 나쁘면 자연히 따라서 성한 쪽도 나빠진다고 하니 간담상조(肝膽相照)가 아주 적절한 표현인 것이다. 간과 쓸개에 얽힌 관용어와 사자성어나 속담 등이 많은 것을 보면 간과 쓸개는 현대의학으로 분류한 소화기관 이상의 역할도 있을 것으로 여겨진다. 일부 사람들은 간을 조금 남겨 놓고 적출하면 다시 자라는 것으로 알고 있는데 이는 간이 자라는 것이 아니라 간세포가 부풀어서 커지는 상태라고 한다.

오장과 육부는 우리 몸의 내장을 통 털어서 한방에서 이르는 말로 오장(五臟)은 간장(肝腸), 심장(心腸), 비장(脾臟), 폐장(肺腸), 신장(腎臟)을 말하고 육부는 대장 소장 위장 담 방광 과 三焦를 말한다. 삼초는 다시 상초, 중초 하초를 나눌 수 있다. 쉽게 말하면 상초는 머리, 중초는 몸통을, 하초는 다리를 말하는 것이다.

세상을 살면서 사람들은 갖가지 사연을 지니기 마련이다. '가슴 아픈' 사연이라든가 혹은' 뼈아픈 사연'이라는 말을 한다. 그만큼 안됐다는 표현으로 뼈가 아픈 고통은 이루 말로 다 할 수 없겠지만 뼈가 아파서 당장 죽지는 않는다.

입을 통해서 들어 온 음식물은 소화기관을 거치는 동안 영양분은 몸속에 흡수되고 남는 찌꺼기는 몸 밖으로 배출되는데 원활한 신진대사가 이루어지면 생명은 연장 된다. 시장과 사회에만 유통과정이 원활해야 하는 것이 아니라 우리 몸에도 유통과정이 원활하게 이루어져야 비로소 건강한 몸을 유지 할 수 있는 것이다. '간이 탄다거나 간 떨어지는 줄 알았다.'거나 간이 배 밖으로 나오는 현상을 자주 겪지 않는 것이 장수의 비결일 것이다.

내리사랑

할머니께서 말씀하시기를 사람이 짐승과 다른 점이 있다면 부모에게 효도하고 형제간에 우애가 있으며 콩 한 알이라도 나누어 먹고 나라에 충성하는 것이 사람의 도리라고 하셨다. 형제는 한 나무에서 뻗어난 가지와 같다고 하셨다.

선대의 고향마을은 무안면 서가정 입구에는 가문을 빛낸 孝子 할아버지의 사적비가 있다. 비문에 '三十一世 大臣이시며, 초명은 재신(載臣) 자는 주경(周敬)으로 밀양부 서가정에서 尹氏 門中의 선무원종휘국(宣武原從諱國) 1845년 7월 17일에 출생하신 것으로 되어 있다.

할아버지 8세 때 모친께서 병이 들었는데 밤낮을 가리지 않고 곁에서 병 수발을 들었으며 모친께서 돌아가시자 시묘 살이 하고 있을 때 호랑이가 와서 지켜 주었다고 한다.

21세 때 부친이 돌아가시자 이때도 시묘 살이 하셨는데 또 호랑이가 와서 곁에 있어 주었다 한다. 머잖은 시대의 일이니 전설이 아닌 신빙성이 있는 실화로 어려서 일가 어른들로부터 들었던, 할아버지의 할아버지 이야기다.

파평, 소부공 35世세 이것이 내가 선조로부터 물려받은 핏줄의 내력이다. 과거에는 대를 이을 아들을 낳지 못하면 양자를 세워서라도 대를 잇게 하였으나 지금은 정자은행에서 제공받아 인공수정 과정을 거쳐서 핏줄을 잇기도 하므로 핏줄의 흐름이 달라지고 있다.

내가 두 돌을 지난 꼬맹일 때 꽃고무신 신고 아장아장 걸음으로 일하시는 아버지를 찾아가서 "아버지 밥 잡수로 오이 소오!" 하면 아버지는 골짜기가 떠나가도록 너털웃음을 웃으시며 나에게도 아버지라 부르는 자식이 있다고 그렇게도 좋아 하셨단다. 그런 이야기를 들을 때마다 어린 마음에 부모님을 더 기쁘게 해드리려고 말 잘 듣는 자식이 되어야겠다는 생각을 했다.

어려서는 내 이름 보다 아무 댁의 손녀 즉 할머니의 택호인 굴밭댁 손녀로 불리었다. 근동에서 나의 존재를 모르는 사람이 없었던 것은 할머니와 부모님 덕분이었다. 할머니가 돌아 간신 후 영웅호걸도 유명을 달리하면 세간에서 잊기 마련인데 하물며 아녀자였던 할머니의 인심이 후덕하기로, 할머니의 택호를 부르는 사람들이 드물었다. 나는 임실 댁 혹은 윤○○의 큰 딸로 불렸다.

평범한 필부의 아내가 되어 한 집안의 며느리로, 제수로 올케로 형수로 살았다. 아이가 태어났다. 엄마로 불리며 젊은 시절을 보냈다. 세상에 태어나는 것은 인연 따라서 태어난다. 자식이 되는 것도 한 남자의 아내가 되는 것은 어렵지 않았으나 어머니가 된다는 것은 쉬운 일이 아니었다.

지금은 어머니 보다 할머니로 더 불리고 있다. 손자를 보는 할머니에게 등급이 있단다. 50대는 A급, 60대는 B급, 70 대는 C급이라 한다니 나는 60이 목전이지만 A급에 속하는 할머니다. 우리나라가 저 출산 국가로 전락한 이유의 하나가 아이를 맡길 곳이 없기 때문이라고 한다. 내 자식 뼈가 휘도록 키웠으면 그만이라며 할머니들이 손자를 봐주지 않는 것도 저 출산 국가가 되는 것에 일조를 했단다.

모든 조부모가 다 그런 것은 아니다. 손자가 살가워서, 내 자식 형편을 봐서 손자손녀를 돌보는 조부모님들도 많다. 드러내 놓고 손자를 돌보고 있다는 말을 하지 않을 뿐이라고 한다. 손자를 보고 있는 할머니들은 무능력자에 속한다나. 어떤 사람들은 심지어 아이를 부모에게 맡기는 남의 자식욕을 한다니 내 금쪽같은 자식들이 사람들의 입질에 오르내리는 것이 싫어서 손자 본다는 말 하지 않는다는 것이다.

젊은 할머니나 나이 드신 할머니나 손자 사랑하는 그 마음은 얇고 두터운 층이 없는데 속되게 등급을 매겼다니 씁쓸하다.

손자가 하는 짓이 날마다 새롭다. 오죽하면 아기를 꽃에다 비유하고 날마다 새롭게 피어나는 인간 꽃이라고 했을까. 핏줄의 당김을 어떤 말로 형언 할 수 있을까. 조막손으로 내 가슴을 헤치기도 하고 입술로 얼굴을 비빈다. 살을 비비면서 아이는 할머니의 냄새를 익히게 된다. 그 옛날 내가 우리 할머니에게 그랬던 것처럼.

포유류의 새끼들은 어미에게 살갗을 비비고 타액을 묻히면서 성장 하는데, 사람의 자식이라 하여 별반 다르지 않다. 이런 스킨십은 아이의 정서에도 좋은 영향을 미치게 한단다. 요즈음은 할머니가 먹던 숟가락으로 손자에게 밥을 먹여주는 할머니는 없다. 내가 싱크대 앞에 서면 손자는 나를 밀어 낸다. 같이 놀자며 손을 잡아끌었다. 내 어린 날 할머니의 치마꼬리를 잡고 발자국 마다 따라 다니며 귀찮게 했을 그 모습이 피어난다. 할머니에게 받았던 사랑 만분의 일에도 미치지 못하겠지만 손자를 사랑한다. 인생은 별 것이 아니다. 내가 누구로 사는 것 보다 내가 누구에게 무엇이 될 때 그것이 더 행복한 삶이 될 것이라고 여긴다. 거창한 외침으로 多出産하여 국력을 키우자는 구호를 외치지는 않으나 새로 태어나는 생명이 살아 갈 수 있는 환경을 만들어 보자는 말은 하고 싶다. 꽃은 花無十日紅이라고 하지만 아기는 자고나면 새롭게 피어나는 꽃 중의 꽃이다.

이야기 1

경치 좋은 관광지에 가면 동화 속에서나 나옴직한 궁전 같은 숙박시설들이 있다. 길이 좋아지고 자동차의 발달로 국내 관광은 당일 코스로도 얼마든지 가능하다. 시간의 여유가 된다면 숙박을 하면서 면면히 둘러보는 여행을 하더라도 보통서민들은 불편함을 모르고 몇 날을 유할 수 있는 숙박시설이 많아 관광하기 좋다. 어딜 가나 민박집과 펜션이 그림 같은 모습으로 손님을 맞는다. 통금이 있는 것도 아니라서 밤늦게 목적지에 도착해도 애로사항이 없다.

내가 자랄 때 우리 집은 도로가에서 제일 먼 위치에 있었다. 그런데도 장사치나 길손들은 도로 가까운 다른 집은 지나쳐서 우리 집으로 찾아 왔다. 어둠 속에서 사립문을 흔들며 하룻밤을 재워달라는 궁색한 말을 늘어놓던 길손, 집이 넓은 것도 아니었다. 매정하게 돌려 세우지 못하는 할머니께서 나그네가 찾아들면 꽁보리밥이라도 따뜻하게 데워서 내 놓거나 그도 없는 날에는 고구마와 김치 국이라도 내놓았다.

거지가 와도 밥상을 차려 주지 않으면 부친의 불호령이 떨어졌다. 그 이유는 빨리 먹고 모자라는 부분은 다른 집에 가서 배를 채워야 하는데 때를 넘겨서 가면 어느 집에서 밥을 주겠냐는 말씀이셨다. 어린 마음에 거지에게는 밥 한술 그냥 아무렇게나 주면 될 것 같은데 왜 밥상을 차려 주어야 하는지 투덜거리면 할머니께서 조용히 타이르셨다. "언덕은 내려다볼 수 있으나 사람을 업신여기면 안 된다"고 하셨다. 오늘날 같으면 면식도 없는 사람을 재워주고 먹을 것을 준다는 것은 상상도 할 수 없지만 불과 오십 여 년 전 인심이었다. 그때는 배가 고파서 유리걸식하는 사람이 많이 있었다.

이 시대에 살고 있는 당신은 "천국에서 살고 있습니다."라는 말을 한다면 긍정적인 대답과 부정적인 표현을 하겠지만 몸만 건강하다면 부지런하게 일하면 배는 곯지 않을 것이다. 중동지역의 난민 수용소나 아프리카 등에서는 지금도 기아로 허덕이고 있다. 병원이 가까이 있으니 몸이 아프면 병원으로 달려가면 치료 할 수 있으니 이 또한 행운이다. 웬만하게 다쳐서는 병원에 갈 엄두를 내지 못하고 집에서 치료하던 그런 시절이 우리에게도 있었다.

다친 상처가 덧나서 푸르스름하게 부어 다리를 질질 끄는 손자를 앞세우고 오신 ○○댁은 우리 집안으로 들어서면서 푸념부터 먼저 하셨다. 동네 사람들은 그 집은 밥술이나 먹고 지내는데도 아픈 손자를 병원에 데려가지 않는 것은 돈이 아까워서라고 했다. 그런 것을 아시는 어머니께서는 치료 해 주지 말라고 하셨지만, 의사도 아닌 부친께서는 싫은 기색 없이 식사 중이라도 상을 물리시고 치료부터 먼저 해 주셨다.

우리 집에는 수술용 메스와 상비약이 가보처럼 어머니의 장롱 서랍에 보관되어 있었다. 수술용 메스가 우리 집에 있게 된 것은 6.25 이후였단다. 부친께서 징용을 가셨는데 의정부 미군부대에 계셨던 것이다. 처음부터 미군부대에 배치된 것이 아니라 포탄이 떨어지는 중부전선에 투입되셨는데 장티푸스를 앓은 직후라서 그랬는지 배탈이 심해 후송된 곳이 의정부 미군부대였던 것이다. 그곳에서 치료를 받고 있는 동안에 한 사건이 일어났다고. 징용인 들이 배가 고파서 미군부대의 보급 창고에 들어가서 통조림을 훔쳐 먹다가 발각이 된 것이다. 그들에게도 배식 양이 정해져 나오는데, 배가 고파서 통조림을 훔쳐 먹은 단순절도로 보지 않았던 것이다. 도둑보다 더 큰 죄목으로 취급 될 형편에 놓인 것이다. 부친께서 한국 측에서 조사 나온 사람들에게 그들은 정말 배가 고파서 통조림을 훔쳐 먹었다는 사실을 말하면서 식사 시간에 와보지 않으면 근절되지 않을 것이란 귀띔을 하셨던 것이다.

어느 날 식사 시간에 갑자기 조사반에서 들이 닥쳐서 사람 수에 비하여 식사양이 턱없이 모자란다는 것을 알게 되었던 것이다. 한 달 동안 징용인 들을 배부르게 먹이라는 명령이 떨어졌던 것이다. 취사반에서는 정량보다도 더 많은 쌀로 밥을 해도 양이 모자라자 환장할 노릇이라며 쩔쩔매고 있을 때 부친께서 찹쌀은 밥을 쪄야 그 양이 줄지 않는다고 알려 주셨던 것이다.

그 일이 계기가 되어서 미군부대의 보급 창고 일을 보게 된 것이라고 하셨다. 보급창고의 일이란 물자와 서류만 착오 없이 하면 된다는 것을 터득하셨던 것이다. 미군들은 깡통이 녹슬면 부식했다고 버린다는 사실을 아시고 쇠고기 통조림 깡통만 골라서 시멘트 바닥에 굴렸다가 물을 묻혀 두면 녹이 슬더라고 하셨다. 미군들이 부식했다고 버리면 부친께서 동료들에게 가져다주어 단백질을 실컷 먹게 하는 장난도 더러 하셨다고.

근무시간이 아닐 때는 미군군의관들이 부상자들을 치료하는 것을 눈여겨보셨고 부상자들이 많을 때는 군의관들의 일손을 거들어 주기도 하여 수술 후에 상처를 관리하는 방법도 숙지 하셨던 것이다. 미군들과 친숙할 수 있었던 계기가 되었던 것은 그곳에 계실동안 우리 음식을 먹지 않아도 전혀 불편하지 않더라는 말씀을 듣고 우리 가문은 혹시 서양 피가 섞인 것은 아닐까하는 생각도 했다. 양반다리와 쪼그리고 앉지 못한다는 미군들의 단점을 알고 휴식시간이면 그들과 익살스런 장난도 많이 하셨는데 새로 배치를 받아서 오는 병사들은 나의 부친을 한국인으로 보지 않았던 외모도 한 몫을 하였던 것이다.

전쟁이 끝나면 함께 미국으로 가자는 말을 할 정도로 친하게 지낸 병사들이 있었지만 노모와 처자가 기다리는 곳으로 돌아 올 수 밖 에 없더라고 하셨다. 귀가 하시면서 우리나라의 농촌 실정을 말하고 그들로부터 의료용 메스와 얼마간의 상비약을 얻어 오셨던 것이다.

이야기 2

도심 한 가운데 서서 건물을 바라보면 많은 간판들이 있다. 그 흔한 간판 중에 병원 간판이라고 해서 예외는 아니다. 의사가 고급전문 직업인으로 사회에서 대접받고 보수도 괜찮으니 수능 성적만 된다면 소질은 생각지 않고 부모들은 자식을 의사가 되기를 원하던 시절도 있었다. 의사의 일과가 일반인들에게 잘 알려 지지 않던 때였다. 대기업의 임원이나 부장쯤 되면 관리자로서의 막중한 책임은 있겠지만 육체적인 중노동은 하지 않겠으나 유능한 의사일수록 더 많은 수술을 해야 한다는 사실을 알고 있는 사람은 많지 않았다.

요즘은 대중매체의 정보로 어떤 수술은 열 시간 동안 꼬박 수술에 매달리는 중노동을 해야 한다는 것을 알게 되었다. 생명을 다루는 일이니 심리적인 부담은 스트레스가 된다고 한다.

홍보용으로 수술하는 장면을 오픈, 일반사람들도 웬만한 수술은 어떻게 이루어지는지 알고 있다. 수술하는 장면을 여과 없이 볼 수 있을 만큼 열린 의료 기술이 되었다.

거리 간판만 봐도 개인 병원은 포화 상태다. 치과나 성형외과와 피부과는 한 집 건너 간판이 있을 정도다. 그 많던 산부인과는 슬그머니 하나 둘 사라지는가 싶었는데 ○○시에는 산부인과가 없어, 아기를 출산하려면 임산부는 다른 도시로 가야 한다는 보도가 있었다. 읍・면 소재지에도 몇 개씩 있던 산부인과가 시로 격상하였는데 산부인과가 없다는 것은 저 출산 탓도 있겠지만 소득의 재원들이 줄어든 탓이다. 심한 말로 소득의 재원이 될 젊은 사람들이 대도시로 몰리는데 어느 자선의사가 그런 곳에 산부인과 병원을 개업하겠는가.

한 가정에 아이들이 줄줄이 태어나 보통 7남매, 8남매가 되었던 그런 시절은 호랑이 담배 피웠다던 이야기처럼 전설이 되었다. 아이들이 놀다가 다치면 된장이나 담배 같은 것으로 지혈 시키고 소독도 안 된 헝겊으로 싸매 주면 그러고도 뛰어 놀았던 그 시절에는 의사는 하느님보다 더 높은 존재였다.

김정한의 소설 『축생도』는 있을 법한 스토리가 아니라 실제 그보다 더 처참한 일들이 민초들의 삶에서 일어났다.

한 마을에 태어나서 그 마을로 출가를 하면 택호를 본동 댁이라고 부르는 예가 많았다. 우리 마을에도 그런 사람이 있었다. 우리 마을의 본동 댁은 둘째 아들을 출산하고 젖몸살을 심하게 앓았다고 했다. 담벼락을 짚어가며 물동이를 들고 겨우 우물가에 나오면 그것을 본 동네 사람들은 동이에 물을 채워 그 집 부엌까지 들어다 주기도 했단다. 한 손으로는 아픈 젖가슴을 싸안고 불도 들이지 않는 아궁이에 불을 지피면 연기가 도로 아궁이로 나와 눈물콧물 범벅이 되었단다. 그럴 때면 젖가슴이 아래로 쏟아질 것 같더라고. 보리쌀을 곱삶아 겨우 밥을 지어서 밥상을 가족들에게 디밀어 주고 자신은 부엌에서 한 술 뜨고는 한기가 들어서 시집 올 때 해 온 솜이불을 덮고 누워있었다고 한다. 친정이나 시댁이나 산 입에 거미줄 치게 생긴 형편이라서 병원에 데려 갈 엄두를 내지 못했단다. 사정이 이렇게 되자 동네 사람들은 저러다가 사람 죽이겠다며 나이 드신 분들은 전래의 단방 약*을 가르쳐 주거나 약초를 구해서 환부에 붙여 주기도 했지만, 백약이 효험이 없었고 본동 댁의 젖통은 물동이만큼 커졌던 것이다. 아늘아늘 부풀은 젖가슴은 금방이라도 터질 것 같고 부푼 젖가슴 때문에 바로 서지 못해서 몸이 삐딱하게 기울었던 것이다. 젖이 부어서 턱에 달린 혹 처럼 보였다고 했다. 그 지경에 이르도록 병원에 가지 못하고 있는 것을 보다 못한 나의 부친께서 어머니더러

* 한 가지 약재만으로 병을 다스리는 약. 주로 민간요법이 많음.

기저귀를 삶아 소독하게 하시더니 메스를 챙기시고는 어머니와 함께 그 집으로 가신 것이다. 본동 댁과는 친구처럼 지내는 사이셨지만 본동 댁의 형상을 곁에서 보자 겁이 와락 나더라는 어머니. 그 집 안방에서 어머니에게 윗도리를 벗게 하시고 본동 댁과 나란히 앉히시더니 어머니의 젖가슴에 드러난 혈관을 한참 관찰하신 부친께서 본동 댁의 젖가슴에 메스를 갔다 댄 것이다. 어머니께서 곁에서 지켜보시니 칼이 닿는 순간 본동 댁의 젖통에서 불그레한 피고름이 물총에서 물을 뿜듯이 반대편 벽에 날아가더라고 하셨다. 얼마동안 피고름을 흘러내리게 한 후 헝겊에다 머큐름을 적셔서 환부의 상처가 엉겨 붙지 못하도록 심지를 넣고 가슴을 동여매었던 것이다. 마취도 하지 않고 생살을 째고 환부에다 심지를 넣는데도 아파하기보다는 견딜 만 하다고 하였다니 곪을 때의 그 통증이 얼마나 극심했는지 짐작이 갔다. 본동 댁의 명이 길었던지 아니면 부친의 기술이 좋았던지 상처가 덧나지 않고 치유된 것이다.

후일 어머니께서 몇 번이나 말씀하시기를 그때 일을 생각만 하면 소름이 끼친다고 하셨다. 얼떨결에 아픈 사람을 살리고 봐야지 싶어 말리지 않으시고 부친을 따라 나섰지만 생각 할수록 끔찍한 일이었다고 하셨다. 그때 본동 댁이 죽기라도 했더라면 어찌 할 뻔 했냐고 힐책하시면 부친께서는 그저 웃기만 하셨다. 그 후 다치거나 종기가 나면 읍내의 병원으로 가지 않고 사람들은 우리 집으로 왔던 것이다. 두 분이서 하시는 말씀을 듣노라면 김정한의 단편 소설 『축생도』가 떠올랐다.

옛날 우리 어머니의 어머니들이 겪었던 고난 중에 서도 으뜸은 출산의 고통이었을 것이다. 의료 혜택은 고사하고 어떤 집안에서는 시어머니와 며느리가 한 해에 같은 지붕아래서 두 사람이 해산을 하지 않는다는 속설 때문에 한 사람은 집에서 해산하지 못했다고 하니 오늘 날에야 우스운 이야기로 들릴지 모르나 여인들의 슬픈 이야기다.

『축생도』에서 주인공의 분통이 같은 삶을 살아야 했던 이 땅의 어머니들. '사람 나고 돈 났지.'라는 말이 한 때 유행할 정도로 돈이 사람을 살리기도 죽이기도 한다고 했다. 도로에 구르는 낙엽들이 갈 곳을 몰라 뒹구는 계절에는 삶의 무게로 동당거리던 곤궁한 사람들의 모습들이 떠오른다. 고층 건물에 병원간판들이 나뭇잎처럼 매달려 있다.

사라지는 풍경

젊어서는 타향에서 생활기반을 닦았더라도 늙어지면 首丘初心으로 돌아 갈 수 있는 고향이 있으면 행복하다. 짐승들도 태어난 굴을 그리워하는데 사람이야 말할 나위 없다. 고향은 겨울에 마시는 뜨뜻한 숭늉 같고 아랫목 같은 정감을 지녔다. 오늘을 살고 있는 세인들은 퇴직을 하면 귀농을 하거나 살기 좋은 곳으로 옮겨 갈 때 고향 보다 생활하기에 편리하고 이왕이면 투자가치도 고려하여 정하는 예가 더러 있다. 글로벌 시대로 활동하는 영역이 넓어졌고 생활수단이 달라져 '까마귀도 고향 까마귀는 반가운 법'이라는 속담은 퇴락하고 인터넷 동우회가 활성화 되어 끼리끼리 모인다지만, 우리 세대는 아직 고향이 그립고 동향이 반갑다. 그 옛날 삼랑진읍에서 밀양 가는 국도는 차가 지나가면 화약을 터트린 것처럼 먼지가 뽀얗게 일었다. 길섶에는 오래된 미루나무가 가로수로 간간이 늘어 서 있었다. 늦은 밤 귀가 할 때 갈가지*가 따라오면서 자갈을 던진다는 찬 세미 모퉁이는 낮에도 무서웠다.

봄에는 복숭아꽃 살구꽃이 꽃무리를 이루었다. 남해의 다랑이 논이 있다면 우리 마을은 산중허리까지 복숭아밭이 있었다. 떠올리면 방금 칠한 단층의 색처럼 선명한 그림이 펼쳐지는 곳. 대동강물도 풀린다는 우수 경칩이 지나면, 파란 갈대 순들이 물웅덩이를 둘렀고 그 안에는 메기가 수염을 자랑하며 노닐었다. 아랫마을 검동할매 집 돌담아래 붉게 핀 모란은 길가는 사람들의 발길을 머물게 했다. 3학년 어느 날 담임선생님께서 가정 방문을 가신다며 우리들에게 함께 가자고 하셨다. 선생님을 에워싸고 신작로를 걸어 갈 때, 사람들은 우리 선생님이 어려보였는지 누가 학생이고 누가 선생인줄 모르겠다는 말씀을 하셨다. 우리 마을을 가기 위하여 검동할매 집 앞을 지나시다 목단 꽃을 보시고 발길을 잠시 머무르시더니 그 집에 들러 꽃구경을 하자고 하셨다. 검동할매는 우리들로부터 선생님이라는 말을 들으시고는 목단 꽃 한 송이를 꺾어 주시려하자 선생님께서는 깜짝 놀라시며 한사코 꽃잎 하나만 조심스럽게 따서 책갈피 속에 갈무리를 하셨다.

선생님과 듬뿍 정이 들었는데 석 달을 넘기지 못하고 헤어져야

* 갈가지 : 방언

했다. 3학년2반 교실이 떠나가도록 우리들도 울었고 선생님도 우셨다. 선생님은 그때 "이것이 어른들의 세계란다." 라고 하셨다. 훗날 어른이 되어 돌이켜 생각을 해보니 기간제 선생님이셨던가 싶다.

뒷산 골짜기에서 뻐꾹새 울면 뻐꾹새의 슬픈 전설을 들려주시던 할머니 "풀국새(뻐꾸기)는 배가 고파 죽은 며느리의 넋인 기라." 옷에 풀을 먹이고 남은 풀 국을 배고픈 며느리가 그것을 마시려고 하자 지독한 시어미가 풀 국을 쏟아 버렸다고. 굶어 죽은 며느리의 넋은 뻐꾸기가 되어 봄이면 풀 국이라도 먹었다면 죽지 않았을 텐데 하며 이산저산 다니며 풀 국! 풀 국! 하고 슬피 운다고 하셨다. 할머니의 이야기 때문인지 봄 날 산에서 우는 뻐꾹새 소리는 슬프게 들렸다.

벼를 심을 논에 거름을 넣기 위해 섶나무를 말리는 마당에 풀잎 향기 상큼한 오월의 지상은 초록 천지 小滿을 지나면 들녘은 황금물결로 변해갔다. 밀보리밭 이랑은 종달새의 소굴로 亡種 무렵이면 종달새 새끼들은 솜털이 보송보송한 날개를 파닥거리며 이랑사이를 종종걸음을 치고 다녔다.

신 새벽 보리밭머리에 타작꾼들의 낫질이 시작되었다. 쓱싹쓱싹 보릿대 넘어가는 낫질소리가 이슬내린 들녘의 정적을 깨우면 종달새들 잠결에 놀라는 모양이 『춘향전』의 변 사또 생일날 암행어사 출도 한 듯 우왕좌왕 이리 푸드득 저리 푸드득 정신없이 달아났다가 보릿대 사이에서 새끼가 어미 찾고 어미가 새끼를 부르는 소리가 어지럽다.

낫질께나 하는 사람 앞서고 뒤에 선 장정이 휘몰아 가면 중간의 장정들은 천방지방 허둥지둥 낫질을 하다 보니 보릿대 반은 손아귀에서 흘러내려 삐뚤삐뚤 놓였다.

앞장선 장정이 힘을 내면 물결이 흔들리듯 하고 뒤에선 사람들이 따라가는데 순풍 타는 돛배같이 보릿대가 쓰리쓰리 넘어갔다. 새참을 먹기 전에 그 밭의 보릿대를 모두베어 눕혀야만 하루 일이 수월했던 것이다.

보릿대가 몇 고랑 남았을 때 새참이 나오면 국수 한 양푼씩 게눈 감추듯이 넘기고 담배 한 대 피워 문 타작꾼들은 하루 일을 점을 쳤는데 일이 버거울라치면 타작마당 들머리에 놔둔 막걸리 동이 한 사발씩 들이키고 남은 보릿대를 휘몰이 하듯이 눕혔다.

타작꾼들이 지게로 져다 나른 보릿대를 장정 한 사람은 마당에다 촘촘히 배기면 이삭 끝에 까끄라기 달고 비스듬히 누운 모양새가 양반이 지게 진 듯 뻣뻣했다. 청명한 하늘, 한나절이 못되었는데 볕이 따가웠다. 도리깨채 둘러 맨 타작꾼들이 마당에 들어서는데 힘깨나 쓰는 사람이 양 가에 자리를 잡고 가운데는 약골이 끼었다. 어깨에 힘을 주어 장정이 도리깨를 내려쳐도 이슬에 눅진한 보리 이삭 까끄라기도 끄덕 않지 않았다.

첫 마당에 힘을 뺐다며 이삭 떨어진 보릿대를 대충 걷어내면 한나절이 되었다. 그늘 한 점 없는 도포들에 달구지가 마을과 들로 분주하게 다니고 밭마다 이삭꾼들이 와글와글 했다.

타작마당 여기저기서 "옹헤야" 소리가 그치지 않았다. "옹헤야"는 보리타작할 때의 노동인데 앞소리 하는 사람 입담과 목소리가 좋았다. 앞소리에 따라서 타작꾼들은 신명이나 그 여세에 보리이삭 맥없이 떨어졌다. 타작꾼들은 앞으로 나올 때는 한 발자국씩 차근차근 짚어 나갔다가 뒷걸음질로 되돌아 갈 때는 한쪽다리를 치켜들어가며 중중모리 장단에 춤을 추는 무용수가 뛰듯이 성큼성큼 물러가서 제자리에 서게 된다.

이슬 마른 보릿대는 도리깨질에 옆구리가 터지고 마디가 부러졌다. 선창자가 다시 도리깨채 열을 모아 쥐고 도리깨 귀(꼭지)로 보릿대를 나비는데 걸인이 삼년 입은 속옷의 이를 잡듯 이삭만 들춰내며 "요기도 때려라 아! 여기도 있네!" 하면 여섯 개의 도리깻열이 공중에서 일시에 곡선을 그리며 휘돌아 내려쳐도 마당에 각각이 놓였다.

하루 종일 내려쳐도 옆 사람 귀 때리는 법 없으니 암만 봐도 신통했다. 말간 하늘에 땡볕이라 멀리 아지랑이가 이글거리고 그림자가 발치에 이르면 점심밥이 나왔다. 눈대중으로 어림잡아도 소출이 괜찮았던지 가마니를 서너 장 펴고 그 위에 점심을 차리시는 어머니의 얼굴에 웃음이 가시지 않았다.

둥지 잃은 종달새가 아침부터 공중에서 이리저리 솟구치며 재잘거리는 것이 집 잃은 패악을 부리는 듯 자지러지고 뒤집으며 그 원망을 창공에서 쏟아내었다. 간간이 어미 잃은 새끼들이 달음질을 치며 나왔다가 보릿대 속으로 숨어들었다. 감꽃 같은 보리쌀 섞은 고봉밥을 게눈 감추듯이 비운 타작꾼들은 담배를 피워 물고 지게 그늘로 찾아든다.

그늘이라지만 등짝하나 겨우 가릴만한 지게 아래 몸을 눕히고 단잠을 청한다. '곳간에서 인심난다'했던가. 타작 하는 날은 자기 밭에서 이삭 줍는 사람들에게 밥을 한 양푼씩 내놓는 것이 도포들(밀양, 거족들의 옛 이름)의 인심이었다. 밀양 강물 양동이로 길어와 하루 종일 마셔도 탈이 없던 그 시절 밀레가 한국에 태어났더라면 이삭 줍는 풍경이 달라졌을 것이다.

인연

TV프로그램에 '전설의 고향'이라는 프로가 있었다. 줄거리는 한 선비가 과거를 보러 가는 길에 어떤 여인이 아기에게 젖을 먹이고 있는 곁을 지나가는데, 웬 노파가 선비에게 말하기를, 지금 젖을 먹고 있는 아기가 후일 선비의 배필이라는 말을 했다. 선비는 노파의 그 말에 매우 놀라고 한 편으로는 괘씸한 생각이 들어 노파를 향하여 던진 물건이 하필이면 젖을 먹고 있던 아기의 이마에 맞아 상처가 났다. 그 후 선비는 과거에서 장원을 하여 벼슬도 얻고 결혼 하여 행복하게 살며 과거 길에 있었던 일을 까맣게 잊고 살았다. 어느 날 선비의 부인이 병으로 죽자 주변에서 재혼을 권하여 첫 날밤을 맞이한 선비는 신부의 이마에 흉터가 있는 것을 보았다. 그 상처에 대한 사연을 신부로부터 들은 선비는 놀랐지 않을 수가 없었다. 재혼한 신부가 바로 벼슬길에 젖을 먹고 있던 그 아기였던 것이다. 선비는 하늘이 맺어 주는 인연은 따로 있구나 싶어서 남은 일생을 행복하게 보내는 내용이었다.

우리 주변에서 전설이나 드라마 보다 더 운명적으로 만나 부부가 된 사람들의 이야기를 들을 수 있다. "부부의 인연은 월하노인이 맺어 준다.", "부부의 인연은 삼생의 인연이 닿아야 맺어 진다." 또는 "전생에 원수가 부부로 만난다."고 하는데 부부는 전생에 얽힌 인연으로 만나게 되는지 확인 할 길은 없다. 그렇게 여기고 사는 것이 부부가 해로 하는데 있어 위기를 극복하는 진정제 역할을 한다고 여긴다.

13세 때 현해탄을 건너가 새로운 문물을 접하신 나의 부친께서는 20세 때까지 일본에서 바이올린을 배우셨단다. 서구적인 외모로 지인이 아니면 한국인으로 보는 사람이 없을 정도였던 부친께서는 스무 살 무렵에 독일인 간호사를 알게 되었다고 하셨다. 그 분도 처음에는 우리 부친이 한국인인줄을 모르셨던 것이다. 그 무렵 할아버지께서 이미 어른들끼리 혼처를 정하셨던 것이다. 수 차례 연락을 보내도 응답이 없자 일본에 왕래하신 할아버지의 명을 거역 할 수가 없어서 한국에서 결혼식을 하셨단다. 결혼을 하고 보니 막상 가련한 신부를 외면 할 수 없는 형편이더라고 하셨다. 당신께서 거두지 않으면 기구한 팔자로 살아야 할 형편이었던 것은 당장 생명이 위태로운 병은 아니었으나 지병을 지닌 신

부였더라고 하셨다. 병을 앓고 있다는 것을 알면서도 할아버지께서 혼사를 서두른 것은 두 분 사이에 큰 인물이 태어난다는 사주팔자를 믿었기 때문이라고 하셨다.

아픈 여인을 아내로 맞게 된 것도 당신의 운명으로 돌리고 주저앉으셨던 것이다. 꿈은 포기를 하셨지만 할아버지 몰래 바이올린을 가까이 두고 소일 하시던 중 어느 날 출타하신다고 나가셨던 할아버지께서 되돌아오시는 바람에 다급하여 바이올린을 지붕위에 숨겼던 것이다. 숨길 때는 틈을 봐서 옮겨야지 하셨는데 그만 잊어버렸는데 그날 밤 공교롭게도 밤비가 많이 내려 비를 맞은 바이올린은 부친의 어긋난 운명을 예고나 하는 것처럼 뒤틀린 것이다. 초혼 8 여 년 동안에 삼남매가 태어났다고 하셨다. 할아버지의 바람대로 똑똑한 손자 둘과 손녀를 보셨는데 손자들은 말을 배우기 무섭게 천자문을 다 떼니 신동이었던 것이다. 출산으로 인하여 며느리의 병세가 더 악화되어 가족이 의논하기를 약을 지어 친정에 가서 병 요양을 하도록 보내셨던 것이다. 친정에서 요양을 하시던 그 분의 병세가 호전이 되자 그분의 친정어머니께서 빨리 쾌유하여 시집으로 돌아가기를 바라는 마음에 약을 과다하게 복용케 하여 유명을 달리 하게 된 것이다. 그 무렵에 우리 마을에는 장티푸스가 휩쓸었는데 6개월 동안에 우리 집은 할아버지를 비롯하여 다섯 목숨이 쓰러진 것이다. 종가 살림도 거들이 났고 할머니와 부친께서 겨우 목숨을 부지하셨던 것이다.

이웃의 박 씨 부인의 여동생이 도시의 병원이나 의원에서는 병을 고칠 수 없어 시골 언니 집에 요양 왔다는 소문이 산골 마을에 금방 돌았던 것이다. 이야기를 들은 바 처녀의 병이 먼저 세상을 떠난 아내의 병세와 같다는 것을 아시고 의원 친구에게 데려가 진맥을 받아보게 하셨던 것이다. 진맥을 한 의원은 1여 년간 약을 복용을 하면 틀림없이 완치가 될 것이라고 하였으나 약 한재 값이 쌀 한 섬 값에 해당하는 돈을 당해 낼 처지가 아니었던 이웃의 형편을 아시는지라 어린 처녀가 가여워서 모자라는 약값을 부친께서 충당해 주셨던 것이다. 약을 복용 한 후 처녀의 병은 차도를 보인 것이다. 가세는 기울었으나 모자의 인품을 잘 알고 있던 박 씨 부인은 여동생의 일생을 부친께 부탁하였던 것이다. 그 처녀도 도시의 병원에서도 고치지 못한 병을 낫도록 해주신 것이 고마워서 언니의 말을 따랐던 것이다. 이 이야기는 나의 부친과 어머니의 인연 이야기다.

할머니 살아생전에 말씀하시기를 "죽은 너희 대모(부친의 첫 번째 아내)가 병든 자신을 구박하지 않고 보살펴 준 은공을 갚느라고 자신과 같은 병을 앓고 있는 처녀를 우리 집으로 보낸 것으로 믿는다."고 하시며 측은지심(惻隱之心)이 가문의 대를 잇는 복을 가져왔다는 말씀을 종종 하셨다.

제3부

자화서自畵書

말이 씨가 된다

평강공주는 고구려 온달장군의 설화에 나오는 인물로 어릴 때 울보였다는 것은 삼척동자도 다 알만큼 널리 알려진 이야기다. 왕은 공주를 달랠 때 마다 "자꾸 울면 바보 온달에게 시집보낸다."는 말을 한 것이다. 공주가 성장하자 왕은 공주의 배필로 그럴듯한 집안의 자제에게 시집보내려 하자 평강 공주는 바보 온달이 아니면 안 된다며 어느 날 몰래 궁궐을 빠져나가 바보온달을 찾아갔다. 공주가 없어진 줄 알고 왕은 후회하였으나 이미 때가 늦은 것이다.

무심코 하는 말이 때로는 상대방에게 세뇌가 될 수도 있고 상처가 되기도 하는데 상대가 어리다고 함부로 말해서는 안 된다.

우아한 모습을 유지하며 대접만 받으려 드는 여인을 세태말로 공주과라고 한다. 공주 과에도 두 가지 유형이 있다. 전자의 공주는 대접받기만 원하니 남자를 머슴으로 전락시킬 여지가 많고 평강공주는 스스로 노력을 하여 바보온달을 부마로서 손색이 없는 인물로 만들었으니 이왕이면 다홍치마라고 평강공주를 만나는 남성은 대박이 터지는 셈이다.

어린 시절에 주변의 어른들로부터 한 두 번쯤은 "다리 밑에서 주워왔다."는 말을 들었던 기억이 있을 것이다. 어른들이 장난삼아서 어린이를 놀리려고 하던 말씀으로 어른들은 *産母*의 다리를 염두에 두고 한 말인데 어린 시절에는 어른의 다리라고 상상하랴! 교각(橋脚)으로 생각하지. 사람의 다리였다는 것을 알게 되었을 때는 어른이 되어서 일 것이다. 다리 밑에서 주웠다는 말은 어불성설(語不成說)이 아닌 맞는 말이지만 어머니의 다리라고는 상상도 못하고 그런 일로 엉뚱한 삶을 살게 된 실제의 주인공이 있었다. 어린 시절에 어른들로부터 다리 밑에서 주워 왔다는 말을 듣고 그 길로 친부모를 찾아서 집을 나갔던 것이다. 사람을 찾는 TV프로를 통해서 부모를 만났는데, 장성한 그에게 왜 집을 나갔냐는 아나운서의 질문에 "다리 밑에서 주워 왔다."하기에 다리 밑에 버려진 아인 줄 알고 친부모를 찾으려고 나갔다고 했다. 장난삼아 한 말이 어이없게도 부모와 생이별하고 그 사람의 인생을 바뀌게 한 것이다.

우리 어머니의 형제분은 6남매셨는데 위로 두 분의 외삼촌과

두 분의 이모님이 계셨고 어머니 밑으로는 막내 외삼촌이 계셨다. 어머니께서는 일본에서 출생을 하시어서 그 시절의 한국보다는 앞선 교육의 혜택을 받으셨는데 어린 시절에 유치원에 보내달라고 떼를 쓰면 다리 밑에서 주워왔다며 "너희 엄마는 입이 삐뚤어진 떡 장사다."라는 언니 오빠들의 말에 애가 닳아 울기도 많이 울었다고 하셨다. 하도 그런 말을 많이 듣다 보니 어린 마음에 사실일까? 하는 생각이 들어 어느 날 하굣길에 마을 입구에 있는 문제의 그 다리 밑을 기웃거리며 떡 장사가 있다면, 또 그 사람이 자기 딸이라고 한다면 따라 가야 하나 어쩌지 하면서 조심조심 주위를 경계하며 다리 밑에 갔더니 아무도 없기에 그 길로 집까지 냅다 뛰어 간 후 다시는 그 다리 밑을 가보지 않았노라고 하셨다. 유복하게 어린 시절을 보내셨지만, 조실부모 하는 통에 어머니의 인생길은 힘든 고비를 넘겨야 하셨던 것이다. 한국에 돌아와서 혹독한 환경에 놓여 결혼도 일찍 하시게 되었던 것이다. 올망졸망 우리들이 태어나면서 사는 것이 바빠 유년의 소담한 추억을 까맣게 잊었는데 유년의 기억을 떠올리시게 된 그 일은 내가 초등학교 6 학년 가을이었다. 그동안 벼르기만 했지 실행에 옮기지 못한 어머니의 숙제가 있었다. 어머니의 숙제는 합천 행이었다. 우리들에게 있어서 합천은 특별한 고장이었다. 첫 번째 아내를 병으로 잃은 아버지의 처가가 계시는 합천. 우리 집에서는 그

분을 '대모님'이라는 칭호를 썼다. "청춘에 병이 들어 돌아가셨으니 영혼이 얼마나 서럽겠느냐"시며 어머니께서는 대모님의 제사를 극진하게 지내 주셨다. 그러니 합천은 우리에게는 외가 곳으로 여겼다. 그동안 합천 큰 외삼촌은 몇 번 왕래가 있어 우리형편을 알고 계셨지만, 움 딸이시니 빈손으로 가실 수 없는 것이 어머니의 안목이셨던 것이다. 어머니의 숙제를 풀던 날 우리들도 설레었다. 지금 같으면 교통사정이 좋지만 그 곳까지 가려면 몇 번이나 버스를 갈아타야 했다. 하루 쉬고 돌아오신 어머니께서 "진짜 너희들 외할머니를 뵙고 왔다."고 하시기에 우리들은 돌아가신 외할머니가 살아 오셨나? 하는 호기심으로 어머니의 이야기에 귀를 기울였다. 외할머니를 뵈었는데 아득한 옛일이 섬광처럼 떠오르면서 진짜 나의 엄마가 여기 계셨구나! 하는 생각을 하셨단다. 유년시절 그렇게도 놀리던 형제들의 말을 떠올린 어머니는 헤어졌던 핏줄을 만난 듯 눈물이 나더라고 하셨다. 어쩌면 사는 것이 힘이 드셔서 흘린 눈물이었을지도 모르지만 합천 외할머니께서는 일명 구안와사(口眼喎斜)를 앓으셨던 것이다. 치료를 하였으나 빗뚫어진 입과 눈이 정상적으로 돌아오지 않아 얼굴의 윤곽이 뒤틀렸던 것이다. 세상사 생각하기 나름이겠지만 "너는 다리 밑에서 주워 왔고 너 엄마는 입이 빗뚫어졌다."며 그렇게 놀렸던 어머니의 형제분들 왜 합천 외할머니께서는 하필 입이 돌아가는 구안와사를 앓으셨는지 참으로 기이한 인연이었다. 합천 외가댁에는 외삼촌이 세 분이신데 두 분은 어머니보다 연령이 위셨지만, 깍듯한 예의를 갖추어서 '누님'이라는 칭호를 하신다. 원효대사는 당나라 유학길에 올라 밤중에 해골에 담겨진 물을 마시고 깨달음을 얻었듯이 긍정과 부정은 마음에 달렸다.

어느 해 가을 우리 세 자매는 처음으로 외가에 가서 외사촌들과 즐겁게 이틀을 보내고 돌아 올 때 마을 어귀까지 지팡이를 짚고 따라 나오시며 눈물을 글썽이시더니 동구 밖 벼가 노랗게 익은 길섶에 풀썩 주저앉아 하염없이 바라보시던 외할머니 산모퉁이 돌면서 뒤돌아보니 그때까지 그대로 앉아 계셨다. 시월의 논두렁에 앉아 계시던 할머니 모습은 여느 외할머니와 다를 바가 없으신 그 모습이셨다.

승선체험

승선준비를 하는 그이에게 우렁 각시의 이야기를 아느냐고 물었다. 느닷없는 나의 질문에 가방을 정리하던 손을 놓고 남편은 나를 바라보았다. 내가 우렁이가 되어 가방에 들어가면 따라 갈 수 있으니 가서 밥도 해주고 당신 옷도 세탁도 하고 그랬으면 좋겠다는 철부지 같은 내 말에 남편은 웃었다.

어릴 때 밥 짓는 기계가 있다면 좋겠다는 상상을 했는데, 요즈음은 전기밥솥이라는 것이 생겨 주부들을 편하게 해주는 것처럼 해운회사의 제도도 바뀌어 남편을 따라 승선 할 수 있게 되었다. 남편의 선상생활을 엿 볼 수 있는 기회가 주어졌다. 승선 허가서를 가지고 세관에서 통관절차를 마치고 통선을 탔다. 남해안의 푸른 물결 위로 하얀 배꽃 같은 물보라를 일으키며 앞으로 나아갔다. 작은 섬들이 바다에 점점이 떠있다. 오십여 분이 지나자 본선 가까이서 통선은 멈추었다. 본선에서 갱웨이(선박과 육지를 연결하는 사닥다리)를 내려 승선 할 수 있도록 했다.

흐린 날씨 일기예보에 비가 온다고 하더니 금방이라도 비가 떨어질 기세였다. 출렁이는 물결위로 안개는 차츰차츰 짙어 갔다. 어느새 어둠이 내린 밤바다에 비가 내렸다. 장대비가 내려도 떨어지면 흔적도 없다. 우리들은 작은 쪽배를 타고 무인도로 떠나는 기분이 들었다. 멀리 발전소의 불빛만 보였다. 점점 거세지는 빗방울 바람은 철선에 부딪히면서 지금까지 내가 들어보지 못했던 무서운 굉음을 내었다. 장대같은 비가 창문에 부딪혔다가 창살처럼 바다에 떨어졌다.

발전소 부두에 먼저 접안하여 하역 작업을 하고 있던 범양 해운의 배 한척이 작업을 중단하고 피항을 한다는 소식이 들렸다. 바람에 닻줄이 끊어졌다는 것이었다. 강한 태풍으로 너울이 밀려오면 아무리 육중한 배라도 움직이게 된다. 일반인들의 생각에는 태풍이 불면 부두에 정박하고 배를 움직이지 못하게 묶어 놓는 것이 안전하다고 생각하겠지만 큰 선박은 부두에서 떨어져 이리저리 떠다니거나 앙크를 끌리지 않게 하여야 한다는 것이었다. 우리가 탄 배는 앵커가 잘 놓여 있어 아무 걱정이 없단다. 그래도 행여 배가 끌릴까봐 비상시를 대비하여 당직자들은 촉각을 세우고 바람의 방향과 풍속을 자주 체크 하고 있었다. 날이 밝았다.

비바람은 여전하였다. 육지와는 완전히 고립된 상태 마치 무인도에 정착하고 있다는 생각이 들었다. 높은 파도가 뱃전을 때려도 배는 꿈적도 하지 않고 침실 창문까지 물이 튀어 올랐지만 아홉 개 의 홀드*를 품고 비바람으로부터 보호하려는 어미 새처럼 비바람에 전신을 맡기고 있었다. 이런 파도는 바다 한가운데서 만나는 너울에 비한다면 코끼리에게 주는 비스킷과도 같다고 한다. 항상 안전수칙을 지켜야 한단다. 생명과 직결된 근무 조건 속에서 그리움이란 향수도 곁들여 있으니 남편의 신경이 날카로워질 정도의 못난 행동은 하지말자는 다짐을 했다. 멀리 선두에 있는 오렌지색 작업복차림의 선원들의 모습이 보였다. 밤사이 비바람에 잘못된 곳이 있는지 확인하며 다닌다는 것이다.

날씨가 개어 부두에 접안하였다. 홀드의 덮개가 열리고 하역작업하는소리가 요란했다. 기관실에서 나오는 소음과 열기는 대단하였다. 선박의 식당은 생산 공장의 구내식당 같았다. 부두 육상지원 인부까지 드나드니 식사를 담당한 조리장 아저씨의 일손이 바빴다. 도와드리고 싶었지만 개수대나 주방 기구가 주부가 사용하기에는 무리였다.

점심 메뉴는 비빔밥, 조리장 아저씨가 육회를 만들고 솜씨는 없었지만 나물은 내가 만들어 보았다. 식사 후에 맛이 있었다는

* 홀드 : 화물을 싣는 창고

평은 사실인지 몰라도 어색했던 마음이 조금 나아졌다. 하루 일을 끝내고 많은 분들이 휴게실에서 피로를 풀고 계셨다. 선박의 저녁 식사는 5시부터 시작 하므로 지금쯤이면 출출할 것 같아서 준비해간 부추전 재료를 가지고 식당엘 내려갔다. 부추전은 남편이 좋아하여 입항 때마다 준비를 했다. 푸짐하게 전을 붙여 호황을 누렸다. 부추전은 따뜻할 때 먹어야 제 맛이 난다. 등에서 땀이 후줄근하게 흘러내렸지만 재미있었다. 얇게 부치려고 해도 열판은 뜨겁고 조리대가 높으니 선무당 풍물 나무라는 격으로 주방기구 탓으로 돌렸다. 휴게실에서 맛나게 드시는 모습들을 보고 수고로움과 더위도 잊었다. 선원들은 한 달 아니 일 년 동안 하선할 때까지 동고동락 하며 한 솥 밥을 먹는 사람들로 한 가족이다. 하역 작업이 끝났다. 가족들은 모두 집으로 돌아가야 한다. 날씨도 화창하게 맑았다. 뱃전에서 여러 선원들의 전송을 받으며 본선과 멀어졌다. 퍼식픽호의 안전항해와 무운을 빌며 돌아오는데 돌고래 한 마리가 오랫동안 따라왔다. (1992.5)

사라진 것들은 그립다

동물들은 대부분 집을 짓고 살아간다. 종(種)에 따라서 집을 짓지 않고 자연적인 환경을 이용하는 동물도 있지만 대부분 집을 지어 포유류는 새끼를 낳아서 기르고 새들은 알을 낳아 품어 부화하여 생명을 이어 간다. 집 짓는 방법과 형태는 다르지만, 집은 동물들에게 있어 생명을 이어 갈 수 있도록 하는 소중한 공간이다.

동서양을 막론하고 태고에서 오늘날에 이르기까지 동물들의 집은 모양이나 그 방법이 크게 변하지 않았다고 본다. 그 이유는 주거의 편리함보다는 다른 동물들로부터 생명을 보호하기 위한 것이 우선이므로 자신들의 취약한 점을 생득적으로 보완하였던 것이다. 그러나 인간은 문화를 누리는 동물인지라 편리함과 미적인 면도 고려하니 주거의 형태가 많이 달라졌다. 동굴생활로 비바람을 피하던 환경을 탈피하고 오늘 날에는 새들보다 더 높은 고층에서 살고 있다.

왜관 안동 지방에 비가 많이 오면 강물이 불어 하류에 위치한 우리 고장은 물난리를 만났다. 언제 생겼는지 모르지만, 사람들은 그 들녘을 '도포들' 혹은 '도개들'이라고 했는데, 도포처럼 넓다는 의미와 풍년이 들면 풍족함으로 사람들의 배포가 커서 그런 지명이 붙여졌다고 하지만 정확한 지명의 유래는 알 길이 없다.

나는 도개들 보다는 도포들이라는 이름이 정겨워 도포들이라고 부른다. 도포들 경작지 아래 부분은 지대가 낮아 "미꾸라지가 하품만 해도 물이 찬다." 할 정도로 비가 조금만 와도 물에 잠겼다. 그래서 땅이 더 비옥했는지 일명 '새'(억새의 일종)가 무성하여 '새밭'으로 통했다. 이른 봄 돋아난 새순은 소 풀을 뜯기기에 아주 좋아 소를 풀어 놓는 방목장이 되었다. 그러다가 찬바람이 불고 가을이 짙어 가면 은색물결은 바람 따라서 이리저리 어우러져 자아내는 소리는 천 길 낭떠러지 아래로 떨어지는 폭포소리인가 하면 이내 수 만 명의 박수갈채로 변한다. 달이 뜬 밤 겨울채비를 못한 풀벌레들의 슬픈 울음소리가 갈대의 은물결에 실려 멀리멀리 구성지게 퍼진다. 새는 땔감으로도 사용하였지만, 물에 강한 특성을 살려 이엉을 엮어서 지붕을 덮기도 했다. 단단하고 매끄러운 대궁을 꺾으면 쪼개지는 것이 꼭 대나무 성질을 닮았다.

초가지붕은 매년 한 번씩 이엉을 갈아 주어야 하는 번거로움이 있지만 새로 이엉을 엮어 덮으면 그 수명이 약 사오십 년은 거뜬하게 견딘다. 비옥한 도포들에서 자생한 새 덕분에 다른 지방에서는 보기 드문 새날지붕이 많았다. 이런 지붕을 밀양의 방언으로 '새날 집' 혹은 '새나리 집'이라 했다. 기와지붕이 귀족적인 모양을 하고 있다면 새날지붕은 서민적이면서도 단아한 품위를 지녔다.

새날지붕에도 두 종류가 있었다. 이엉을 엮을 때 겉껍질을 추려내고 대궁만 엮어 뿌리부분이 밖으로 나오도록 하여 덮는 방법과 다른 하나는 겉껍질까지 엮어서 갈대꽃이 땅을 보도록 덮는 방법이 있다. 전자의 방법은 일손과 새의 양이 많이 들어가 그 비용이 많이 드는 것이다. 후자는 일손과 새의 양도 작게 들어가지만, 초가지붕처럼 매년 이엉을 갈아 덮어야 하고 그 모양새가 어수선하여 초가지붕보다 못 하다. 양지바른 기슭에 옹기종기 새둥지처럼 모여 있던 마을 자연친화적인 영원한 마음의 고향이다.

여름 날 길 가던 나그네는 마을 어귀 향나무 아래에 있는 우물을 발견한다. 물을 마시기 위해 우물가로 갔다. 이 때 아리따운 아가씨가 물동이에 물을 퍼 담다가 시원한 물 한바가지를 내민다. 나그네는 물을 얻어 마신다. 한 바가지의 물은 처녀의 단정한 품행을 가늠하게 했다. 나그네는 물동이를 이고 가는 처녀의 뒤를 따라 가 집을 알아 놓는다. 나그네가 나이 드신 어른이라면 매파를 넣어 며느리를 삼거나 집안사람으로 만들었던 사례가 전설의 고향에서만 어찌 있었으랴…….

우리 집도 새날 지붕을 덮기로 했다. 여러 날 새의 겉껍질을 갈고리로 추려서 단단한 대궁으로 이엉을 엮었다. 이엉 한 개의 길이는 대략 어른 걸음으로 일곱 步, 엮은 이엉들은 돌돌 말아서 들마당에 빼곡하게 세워 놓았다. 지붕을 덮는 날 새벽부터 우리 집에 사람들이 모여들었다. 그 중에는 삯꾼도 있었지만 대개는 일손을 거들려고 오신 분들이었다. 지붕을 덮었던 이엉들은 햇볕과 비바람에 삭아서 먼지를 풀풀 날리며 마당으로 내려 왔다. 이엉을 몽땅 걷어내니 볼품없는 지붕의 알매*가 허연 속살을 드러내었다. 새 이엉을 올려 한 바퀴씩 층을 내었다. 마지막 용마루 부분은 짚으로 엮은 것으로 마무리를 했다. 그 위에 새끼줄로 듬성듬성 그물처럼 묶어 바람에 이엉이 들고 일어나는 것을 방지 하는 것으로 마무리가 되었다.

새날지붕이 완성되었을 때 우리들은 마치 백만장자나 된 듯 뿌듯했다. 웬만하여서는 새날지붕을 얹을 꿈도 못 꾸는데 "기와지붕에 비할 바가 아니다."시며 할머니께서도 매우 흡족해 하셨다. 이듬해 여름 삼복더위에도 뒷문을 열면 대밭에서 불어오는 바람이 서늘하였다. 겨울엔 문풍지만 새로 발라도 위풍이 없었다.

* 알매 : 일명 산자로 지붕위의 흙

새마을 회관이 생겼다. 이른 아침 태극기와 새마을 깃발이 게양대에서 펄럭이고 경부선 철길이 지나가는 마을의 지붕은 기와나 슬레이트로 개량을 하라는 대통령의 명령이 내려왔다. 덮은 지 몇 년 안 된 새날지붕도 벗겨야 한다는 것이다. '대통령 명'은 어떤 사유도 통하지 않았다. 이듬해 여름은 유난히 더웠다. 겨울에 문풍지를 발랐지만 할머니께서 어깨가 시리다고 하셨다. 기와지붕은 새날지붕보다 보기는 좋았으나 기능면에서는 새날지붕만 못 했다. 옹기종기 이마를 맞댄 듯 정답던 초가지붕과 새날지붕은 새마을 바람에 날려 깡그리 사라졌다. 이번에는 지붕에 울긋불긋 페인트칠을 했다. 고속도로가 뻥뻥 뚫렸다. 시골 길에도 자동차가 씽씽 달린다. 향나무 아래 우물가, 물 깃는 아가씨도 목이 마른 나그네도 없다. 그리고 이엉을 엮어 새날 지붕을 덮을 수 있는 분들 또한 돌아가셨거나 연로 하셨다. 세월이 흐르면 '새날지붕'을 기억하는 사람들도 또한 사라질 것이다.

자화서(自畵書)

사람의 신체는 부모님으로부터 그 유전자를 받는다. 이왕이면 좋은 점만 받아서 태어난다면 얼마나 좋았겠는가? 좋은 형질만 선택하여 자손대대로 내려 왔다면 지구상에는 아마 모르긴 해도 건강한 미남미녀들로 오히려 추남추녀가 귀한 대접을 받는 그런 일이 발생 했을 런지도 모를 일이다. 한 생명으로 잉태 될 때 부모의 난자와 정자의 결합에서 어떤 요인적인 조건으로 인하여 한 쪽 부모를 더 많이 닮아서 태어나게 되는지 그 비밀은 아마 영원한 미스터리로, 인간이 밝혀 낼 수 없는 영역일 것이다.

나의 부친께서는 신장 186cm 요즈음 말로 쭈쭈 빵빵 하셨고 인물 또한 준수하여 近洞의 처녀들이 상사병이 날 정도였다는 것은 후일 동네사람들로부터 들은 이야기다. 나는 키가 작은 편에 속하니 모친을 닮아서 그러 하다고 늘 작은 키를 불평을 하였더니 모친께서 "이제 와서 그런 말을 하면 우짜노?" 라고 하신다. 키 작은 사람들을 보면 대부분 목이 짧다. 물론 목 길이가 짧으니 키도 작겠지만, 키 작은 사람 치고 목이 긴 사람은 드물다. 목이 짧은 사람은 머릿결이 길어지면 뒤에서 보면 목 부분과 머리의 경계선이 없고 어깨에 머리가 붙어 있는 격이다. 그것도 좋다 머리카락은 갈색이라 시절을 잘 만나서 다행이지 어려서는 노랑머리라고 꽤나 놀림을 받았다. 오늘 날에는 오히려 노랑머리가 유행이니 염색을 하지 않아도 된다. 이런 점은 부모님께 감사해야 한다는 말을 많이 듣는다. 머리 결은 그렇다 치고 머리모양이 앞 뒤 짱구에 일자 눈썹이다. 미술에 소질이 있다면 예쁘게 그려서 모양 나게 하겠지만 그런 솜씨도 없는지라 무성한 눈썹은 그야말로 자연 친화적인이다. 깜깜한 밤하늘에는 별이 더욱 돋보이게 마련이다. 그중에서도 샛별이라 불리는 삼태성은 우리 눈에 돋보인다. 샛별처럼 반짝이는 눈동자는 아니었지만, 좌우 시력 1,5 거기에다 적당하게 쌍꺼풀진 큰 눈이었는데 요즈음은 빛을 잃었고 또 눈꺼풀이 아래로 쳐졌다. 그리고는 걸핏하면 벌겋게 충혈되는데 여기에 보태어서 안구건조증이 심하다 못해 두 눈은 늘 피곤한 모양을 하고 있다. 어쩌랴 노화가 내 허락도 없이 신체 여기저기 찾아들어 주인 행세를 한다. 안경이 신체의 일부분이 된지 오래다. 죽어봐야 저승을 안다고 하더니 내가 늙음으로 신체적인 장애를 받을 것이라고는 이론적으로는 알고 있었지만, 당해보니 그 맛을 알겠다. 이것저것 다 먹어도 괜찮지만 나이 먹고는 좋은 것이 없다던 어른들 말씀은 명언 중의 명언이다. "귀 잘생긴 거지는 있지만 코 잘생긴 거지는 없다."는 말이 있다. 코는 얼굴의 중앙 부서인데 나는 코 부분이 가장 불만이 많은 구역이다. 하필이면 그 불만이 팽창한 구역에 본의 아니게 쓰레기를 버리다 잘못하여 그 곳을 건드리고 말았다. 그 수난은 이랬다. 집수리를 하고 쓰레기를 버리는데 쓰레기봉투에 담은 내용물이 무거워서 겨우 들고 통 안에 넣는 순간 미처 피할 겨를도 없이 통 뚜껑이 내리쳤다. 갑자기 일이난 일이라 얼굴을 돌리지 못하고 수난을 당한 것이다. 순간적이라 별로 아프지도 않았지만, 수초 후 붉은 피가 뚝뚝 떨어졌다. 그제야 욱신거리는 통증에 코를 움켜지고 병원으로 달려갔다. 울고 싶은 데 맞았으니 상처도 치료하고 성형 수술비 견적을 뽑아보니 나에게는 기하학적 숫자였다. 어쩌랴 영원히 갈등지역으로 남겨 둘 수밖에 없다. 갈등을 무마하기 위해서라도 성형을 해볼까 하다가 갈등구역도 있어야 긴장하고 살 것 같아서 남겨 두기로 마음먹고 병원 문을 나왔다. 삶아 깐 계란처럼 앙증스럽던 두 뺨은 탄력을 잃어 삶은 팬티 고무줄처럼 늘어나더니 무게를 감당하지 못하고 그것들은 볼 아래로 밀려 심술보 주머니를 만들기 시작했다.

앵두 같던 입술은 상추 쌈 한 잎 하면 주름이 먼저 자리 잡는다. 가슴과 허리의 경계선이 사라진 후 날마다 세포들의 지역구 다툼이 심각한 허리통, 당분간은 경계선이 모호하여 더욱 분쟁이 치열 할 것으로 내다본다.

자연산 우유가 펑펑 솟아 아들 녀석이 지상 낙원으로 여기던 억대의 유방도 고비 사막 같은 가뭄이 찾아 들어 점점 심각하게 사막화 되어 간다. 재건축이 불가피 하지만, 신체의 늙음이 어디엔들 미치지 않으랴 팔뚝은 굵고 손은 뭉텅하다. 거기에 손가락은 아래 위 굵기가 같으니 손톱이 달려 있지 않았다면…… 그것까지는 그래도 봐줄만 하다. 반소매를 입고 팔을 흔들면 가관이다. 팔뚝에서 늘어난 살은 천사의 날개처럼 레이스를 달고 하늘거리다 못해 덜렁덜렁 살 물결을 이룬다. 그러니 민소매는 사양이다. 이 지경이 되었는데도 버티게 하는 힘, '팔뚝 굵은 대한민국의 대표 아줌마다.' 그 힘이 가정의 버팀목으로도 일조를 하였고 이런 얄궂은 몸뚱이가 그래도 아들 하나 낳아 대한민국의 군인으로 보내어, 국력에도 힘을 보태었으니 위대 하지 않은가? 유한한 생명이기에 노후의 징후가 없다면 생명이 유한하다고 할까 자연의 섭리를 달관한 경지로 표현한 것이 어찌 어제 오늘이던가 옛 사람들도 늙음을 한탄하는 노래를 하였다.

"ᄒᆞᆫ 손에 막ᄃᆡ 잡고 또 ᄒᆞᆫ 손에 가싀 쥐고
늙는 길은 가싀로 막고 오ᄂᆞᆫ 白髮은 막ᄃᆡ로 치려터니
뱍발이 제 몬져 알고 즈름길노 오더라"

한손에는 막대 잡고 다른 한손에는 가시 쥐고 늙는 길은 가시로 막고 오는 백발은 막대로 치려하였더니 백발이 제 먼저 알고 지름길로 오더라. 이 시조는 우탁(1263-1342)의 시조다. 기울어 가는 고려 왕조의 비운, 어쩔 수 없는 국운과 자신의 인생사와 늙음을 복합적으로 읊었다고도 볼 수 있다. 향리에 은거하면서 후진 양성에 힘을 기울이던 대 선비도 늙음에 달관하기까지는 회한을 절실하게 느꼈는데 하물며 필부야 말해서 무엇 하리.

운명

사람은 '꿈'을 꾸면서 살아간다. 꿈이란 나에게 두 가지로 말 할 수 있는데 하나는 이상향을 실현시키는 실제 생활에 있어서 바라는 바이고 다른 하나는 육신이 수면을 취하는 동안에 뇌의 운동으로 수면 동안에 일어나는 여러 가지 경험을 말한다.

현실에서의 꿈은 이상향으로 자신의 노력여하에 따라서 어느 정도 이룰 수 있는 삶의 지표라고 할 수 있다.

잠을 자면서 꾸는 꿈은 잠에서 깨어나면 기억하지 못하거나 잊어버릴 수 있지만 어떤 때는 기묘한 꿈은 미래에 일어날 어떤 일을 암시해 주는 꿈도 있다.

갓 서른을 넘긴 아들에게 여자 친구가 생겼다고 했다. 결혼 적령기의 나이인지라 여자 친구의 인적사항이 몹시 궁금하였다. 그 아가씨의 본향은 영일 정씨, 양친이 계시며 나이는 스물여덟 살

직업은 공무원이라고 하였다. 데이트 할 때 몰래 뒤따라가고 싶은 마음이야 굴뚝 같지만 아들의 판단에 모든 것을 맡기고 인사하러 올 때까지 느긋하게 기다리기로 하였다. 날이 갈수록 둘 사이가 정열적인 만남이라는 것을 아들의 행동에서 알 수 있었다. 직장이 가까운 해운대서 거주하는 아들은 툭하면 늦은 밤 동래 집으로 왔다. 아가씨 집이 ○○○이라 데이트 하고 집까지 바래다주고 해운대로 가지 못하고 동래로 오는 것이다.

운명의 그 날은 몸이 나른하였다. 아침을 먹고 청소를 대충 끝내고 공부방에 누웠다. 한시에 '좋은 모임'을 갖는 날이어서 오래 누워 있을 상황도 아니었다. 잠깐 잠이 들었을까 일어나 시계를 보니 10시 30분이었으니 한 40여 분쯤 선잠을 잔 모양이었다. "누구였을까?" 꿈에서 만난 사람을 기억해 내려고 아무리 더듬어 봐도 전혀 아는 사람은 아니었다. 어딘지 알 수 없는 낯선 공간에서 한 여인이 다가오더니 요즈음은 잘 볼 수 없는 꺾음 자개 床 하나를 나에게 주기에 얼떨결에 받았지만 낯선 사람이 주었으므로 당황하여 들고 서 있는데 웬 청년에게는 무늬가 없는 갈색 나무 상을 주었다. 그러자 서쪽에서 갑자기 아름다운 계단이 나타났다. 여인이 황급히 계단으로 올라가자 계단도 여인도 순식간에 사라졌다. 나는 상을 들고 어찌 할 바를 몰라 하는데, 청년은 집안의 가구를 새로 배치하고 먼지를 털어 내었다. 나는 청년에게 물었다. "왜 그렇게 하느냐?" 라고 그러자 청년은 이제부터는 자신이 그 곳의 주인이라고 하는데, 거울이 맑게 빛이 났다.

시간에 쫓기듯 서쪽계단으로 사라진 여인 여인과 서쪽계단 참 이상한 꿈이라고 여겼다. 모임에 가기 위해 준비를 하는데, 전화 벨이 울렸다. 받아보니 아들이었다. 아들의 말이 여자 친구의 어머니가 병원에 입원을 하셨다고 했다. 모임에 참석은 하였으나 마음이 영 편하지 않았다. 뭔가 예감도 좋지 않았다. 설마 하는 마음으로 느긋해지려고 해도 좌불안석이 따로 없었다. 꿈이 어떤 일을 암시하는 것 같았다. 아들에게 장모자리가 계시지 않을 것이라고는 상상해 본 적이 없었다. 사위와 장모사이의 그 사랑은 딸이 없는 나로서는 알 수 없지만 우리 문화에 '사위사랑은 장모'라는 말이 있다. 장모가 사위를 위해 주시는 마음이나 사위가 장모님께 쓰는 마음은 남편을 통해서 봐 왔기에 얼마든지 가늠으로 알 수는 있다. 미혼의 두 자녀를 둔 어머니로 이제 겨우 쉰 하나의 연령이라고 들었다. 아무것도 생각하지 말자 지금이라도 만나보지 않는다면 평생을 두고 후회 할 것 같은 생각이 자꾸 들었다. 어느새 모임의 자리에서 나와 발길은 집으로 향하고 있었다. 옷을 갈아입고 병원으로 달려갔다. 병실 앞에서 멈추었다. 나의 방문은 상식에 있을 수 없는 걸음이었으나 병실로 들어갔다. 병상 위에는 한 여인이 누워있었고 보호자용 침상에 누군가 옷을 덮고 누워 있었다. 그리고 두 젊은 남녀가 여인의 손을 잡고 뺨이며 손을 어루만지며 "엄마"라고 연신 부르고 있었다. 나의 방문은 무례하고 예절에 벗어난 걸음이었지만 먼저 환자의 성명을 확인 하였다. 낯선 방문객에 처녀가 의아한 눈길로 누구시냐고 물었다. 묵례로 답을 하고는 먼저 환자의 상태부터 살펴보았다. 온 몸은 병마와 씨름한 흔적들이 역력하였다. 산소 호흡기를 달고 있었다. 손등은 여기저기 주사 맞은 흔적으로 피멍이 들어 있었다. 그리고 눈은 이미 초점이 없었고 두 다리가 싸늘하였다. 이 세상과 저세상을 넘나들면서 겨우 명줄만 붙들고 있는 듯 했다. 처녀의 곁으로 다가서며 나직하게 아들의 이름을 말하자 처녀는 울음보를 터트렸다. 나는 보듬어 안고 등을 쓸면서 어머니가 듣고 계시니 울지 말라고 하였다. 그리고 곁에 있는 청년의 얼굴을 보는 순간 꿈속에 나타났던 여인이 누구였는지 확신 했다.

사람의 신체 중 맨 마지막으로 그 기능성을 상실하는 기관이 '귀'라고 한다. 여인의 귀에 대고 "자식 키우는 어미의 마음으로 왔습니다." 며 여인의 손을 잡고 아들의 이름을 말하자 나도 모르게 뜨거운 눈물이 떨어졌다. 환자의 목구멍에서 '어' 하는 외마디 소리가 바람처럼 나왔다. 힘없는 손이 내 손을 움켜지려는 듯이 몇 번이나 오므렸다가 늘어지곤 하였다. 손을 쥐어 주었다. 나의 손길로 손이며 이마와 머리를 쓰다듬어 주었다. 의례절차 따지는 사람들이 생각하기에는 상식으로는 결례라고 하겠지만 세상의 법도나 의례는 치레일 뿐이라는 생각이 들었다. 미혼인 자식을 두고 떠나가는 모정이 얼마나 애틋하였으면 꿈에 나타나 상을 주었나 싶었다. 자식 둔 부모마음은 같다. 진심으로 안심하고 먼 길 떠나시도록 해드리고 싶었다.

얼떨결에 처녀의 부친과 인사를 나누었다. 병실을 나서는데 父女가 와 주셔서 고맙다는 인사를 했다. 나는 한 순간이라도 어머니 곁을 떠나지 말라는 당부를 하고 집으로 돌아왔다. 잠자리에 들었지만 잠이 오지 않았다. 새벽 2시 57분 운명하셨다는 소식을 들었다.

군사 우편

계절의 여왕으로 불리는 오월의 녹음이 고속도로를 따라 화폭처럼 펼쳐졌다. ○○○ 보충대로 향하는 버스는 북쪽으로 달렸다. 이른 점심을 먹고 연병장에 들어서니 젊은 청년들의 장난은 주변의 사람들까지 한바탕 웃게 하고 있었다. 녀석과 나는 탯줄 하나에 생명을 의지했던 사이였으니 눈빛만 봐도 녀석의 기분이 어떤지 금방 알 수 있다. 아들의 친구들은 제대를 했거나 군대 생활말년인데, 나이에 비해 다소 늦은 입영이 자꾸 마음에 걸렸다.

"아무것도 생각하지 말고 선임들 모자에 붙은 계급만 봐라"고 당부를 거듭 했다. 에미의 당부 속에 어떤 의미를 담고 있는지 녀석은 가늠하고 있을 것이다. 군대란 계급으로 통하는 특수한 곳으로 명령과 복종만 있는 체계이다. 들리는 소문에 의하면 입영을 피하려고 군 입대 신체검사에서 체중이 넘거나 미달하게 하여 면제 받는 일이 더러 있다고 한다. 그리고 능력 있는 부모들은 외국의 시민권을 취득하여 자녀가 국방의무를 하지 않도록 한다는 것이다. 아들 하나 달랑 둔 에미로 군대 보내는 것은 솔직히 마음이 아렸다.

대한민국의 국민이라면 국가에 대한 삼대 의무 중 하나가 국방의무인데. 간혹 의무는 져버리고 권리만 누리겠다는 사람들도 있어 세인들의 입방아에 오르내렸다. 돈 없고 힘없는 서민들은 울분을 토하며 "백 없고 권력 없는 자식들은 땀범벅이 되어 연병장을 긴다."는 말에 씁쓸했다. 솔직하게 말 한다면 아들이 군대 생활을 해야 하는 것이 억울하다는 생각도 들었다. 부모 마음에 할 수만 있다면 군 복무를 하지 않도록 해주고 싶은 심정이었다. 이런저런 갖가지 상상과 걱정을 하고 있는데, 안내 방송이 우렁차게 들렸다. "입대하는 장병은 구령대 좌측, 따라온 사람들은 모두 우측에 앉아 주십시오."라는 방송이었다. 헤어져야 할 시간이다가 온 것이다. 지금까지는 우리 아들이었지만 연병장에 들어온 이후 녀석은 대한민국의 국군 장병이다. 녀석과 악수를 했다. 잘하라는 말을 하고서는 눈물을 보일까봐 이를 깨물었다.

내무반으로 향한 선두 대열은 벌써 구령을 붙이며 힘차게 뛰어갔다. 그들의 뒷모습을 바라보았다. 멀리 있어도 우람한 녀석의 모습은 한눈에 들어 왔다. 모퉁이를 돌아가려다 말고 손을 번쩍

들어 흔들고는 사라졌다. 장병들의 무리들은 건물 속으로 사라졌지만, 따라온 가족들이나 친구들은 차마 발길이 떨어지지 않아서 운동장을 서성였는데, 나도 그 중의 한 사람이었다.

오월의 태양이 중천에서 따갑게 내려쬐였다. 손을 흔들고 사라진 모습이 뇌리에서 떠나지 않지만, 어찌할 도리 없이 운동장을 나섰다. 그리고 여 삼추 같은 시간이 흘러 일주일 후 소포가 왔다. 입대 할 때 입고 간 옷이며 신발이었다. 옷 꾸러미는 녀석의 절도 있는 생활을 말해 주었다. 여태까지 고작, 운동화 끈이나 제 손으로 단정하게 묶어 본 것이 전부인데 소포 꾸러미의 포장이 풀리지 않도록 묶은 솜씨가 제법이다. 겉봉에 "위 주소로 연락 불가"라고 쓴 글자가 눈에 확 들어 왔다. 눈물이 왈칵 쏟아졌다. 잠시 동안이겠지만 아들과 소식을 주고받을 통로가 없다는 막막하고 단절되었다는 절박한 심정은 아들을 군대 보내본 이 땅의 어머니들은 경험하였을 것이다.

눈물을 찔끔거리며 친구에게 전화를 했다. 내말을 듣고 있던 친구가 "아들 씩씩하게 키워서 군대 보낸 것도 애국한 것이다. 울지 마라 나는 군대 보낼 아들도 없다."는 부러움의 말투에 정신이 화들짝 들었다. '군 입대'란 당사자나 그 부모에게 이별의 고통만 있는 것이 아니었다. 다른 사람들의 부러움의 대상이기도 하다는 사실을 알았다.

소포 꾸러미를 풀었다. 헝클어지지 않도록 혁대로 고정시킨 윗옷은 땀에 젖은 얼룩, 바지의 올이 여기저기 터져 있었다. 군복으로 갈아입기 전에 벌써 운동장을 뒹굴었구나 하는 상상을 하며 혹시나 녀석이 쪽지라도 적어 넣었는지 주머니마다 뒤져 보았으나 아무것도 없었다.

옷을 보자 아들이 더 보고 싶었다. 운동장에서 헤어졌던 순간보다 더 뜨거운 흐느낌은 어찌 내 혼자만 흘린 눈물이었으랴 대한의 어머니들이 오랜 세월 동안 겪어왔던 아픔일 것이다.

마음을 다잡았다. 에미가 울고 있다면 이심전심으로 녀석도 마음이 편하지 않을 것 같아 명랑하게 생활하기로 하였다. 외출에서 돌아오면 편지함에 먼저 손이 가는 버릇이 생겼다. 소식을 기다리는 마음은 세상의 어느 기다림이 이토록 애가 탈까 그렇게 애타는 나날 속에 어느 날 우편함에는 하얀 봉투가 외출에서 돌아오는 나를 반기고 있었다. '군사우편'이라고 찍힌 편지 가슴이 찡했다. 지금까지 받아본 편지 중에 가장 대견스럽고 가슴을 벅차게 하는 편지였다. 집안까지 어떻게 올라왔는지 반가움과 그리움에 손이 떨렸다.

'어머니'라고 시작된 서두는 대한의 국군으로서 후방의 가족을 염려하는 장병의 늠름한 안부 편지였다. "건강하게 키워 주신 부모님께 감사드린다."며 훈련에 잘 임하고 있으니 조금도 걱정하지 말라는 당부를 했다. 어리고 철이 없다는 걱정은 에미의 기우였다. 군대 생활에 적응하며 한 인간으로 독립하는 발판을 삼겠다며 무엇보다도 체중을 줄여서 날씬한 몸매를 만들겠다는 의지도 담겨있었다.

그때 TV에서 장애아를 둔 어느 어머니가 울면서 "정상적인 아들을 낳아 씩씩하게 키워 대한의 군대에 보낸 어머니들이 천만금을 지닌 갑부들 보다 더 부럽다."는 말을 하고 있었다. 대한민국의 국적에 건강하고 씩씩한 몸과 마음이 바탕이 되어야 갈 수 있는 곳이 대한민국 군대였다. 인생길은 마냥 순탄한 날만 있을 수 없다. 의무를 다 하는 날 아들은 더 늠름한 모습으로 에미 곁으로 돌아 올 것이다. '군사우편'은 아무나 받는 것은 아니었다.

(1999. 5월)

소낙비와 물

자동차에 들어가는 기름 값으로 채소를 사먹으라는 핀잔도 듣지만, 종자를 뿌려놓고 싹이 올라오는 것을 보는 그 마음을 어떻게 설명할까. 자식이 성장하는 모습을 바라는 마음이랄까.

가꾸는 재미도 쏠쏠하다. 즐거움과 보람을 느끼게 한다. 흙덩이를 뚫고 세상 밖으로 나오는 새싹의 힘과 신선함은 환희 그 자체다. 이 일도 좋아하지 않으면 못한다. 밭일을 하다가 배가 고프면 기염조강(飢厭糟糠)이다. 풋고추를 따와서 물에 두어 번 행구고 찬물에 밥 한술 말고 준비해간 쌈장에 찍어 먹는 그 맛! 적당한 노동 후 시장 할 때 먹는 밥맛은 그렇게 먹어보지 않은 사람은 모른다. 땀이 나면 그늘에 쉰다. 땀 냄새를 맡고 모기가 달려드니 궁여지책으로 모기장을 준비했다. 일을 하다가 힘들면 그늘에 앉아서 책도 읽는다. 신선이 따로 없다. 나무 아래 누워서 감나무

잎 사이로 쏟아지는 녹색 빛은 하늘이 내게 내려주는 건강 메시지 같은 느낌을 들게 한다.

모처럼 소나기가 퍼 부었다. 얼른 비를 피했다. 땡볕을 피하기 위해 감나무그늘에다 작은 평상 하나 짜 놓고 그 위에다 가리개와 모기장까지 쳐놓았으니 휴식하는 공간으로는 멋진 장소였다.

빗방울이 굵다. 비탈 밭은 어느새 골이 패이면서 졸졸졸 황톳물과 자갈이 함께 흘러내렸다. 흙탕물은 개미에게는 황하의 홍수가 되었다. 흙탕 물속에서 허우적이는 놈, 다행하게도 어떤 놈은 감나무 가지에 걸려서 바동거리더니 겨우 기어올랐다. 물에 떠내려가다가 호박 줄기에 구사일생으로 기어오르는 녀석들도 있었다. 소낙비 치고는 제법 많은 비가 내렸다. 비가 멎고 먹구름은 또 어디로 가서 한바탕 하려는지 바쁘게 흘러가는 모양이 서둘러서 출장을 떠나는 사람처럼 보였다. 언제 비를 뿌렸나 할 정도로 불볕이다. 흙탕물을 뒤집어쓴 호박잎이 그 무게를 감당하지 못하고 아예 뒤로 자빠졌다. 모기라고는 한 마리도 없다. 소나기가 퍼붓기 전까지만 해도 김을 매는 내 등이며 발목에 엔간히도 입질을 해대더니 어디로 간 것일까? 소나기는 곤충들에게는 대 재앙이었다. 바람이 불 때마다 감나무에서 후드득후드득 하며 물이 떨어졌다.

한바탕 소나기로 목숨을 잃은 생명이 있는가 하면 생기가 도는 생명들도 있으니 무슨 조화일까. 물은 생명의 근원이다. 꼭 필요한 것이지만, 어떤 형태인가에 따라서 생명수가 되고 재앙도 되었다. 비가 많이 와도 큰일이지만, 비가 오지 않아도 물 걱정이다. 지난 날 지금 쯤 비가 내리지 않으면 천수답 논바닥은 거북등처럼 갈라졌다.

지금이야 엔간한 천수답이라도 양수기만 설치하면 하루에 끝낼 일을 몇 날이고 비가 내릴 때까지 논뙈기에 갈개*를 매어 가면서 종일 퍼 올려도 갈라진 논바닥에는 물이 고이지 않았다. 그러다가 장마철이 되면 이번에는 물난리를 만난다. 미꾸라지가 하품만 해도 홍수가 난다는 내 고향은 낙동강이 가까이 있어 대구 왜관 쪽에 비가 많이 내리면 홍수가 났다. 기차 길이 잠기도록 물천지가 되었다. 물은 높고 낮은데 없이 공평하게 수평을 이룬다. 물처럼 평등을 유지하기도 어렵다.

둑이며 신작로에는 강태공들이 몰렸다. 전답이 물에 잠겼으니 따로 할 일도 없었다. 사람들은 물 구경 하느라고 할 일없이 오갔다. 밤이면 달리는 기차 불빛이 길게 비치어 꼭 도깨비불처럼 무섭게 일렁거렸다. 기차가 지나가지 않는데도 커다란 불빛이 물위에서 춤을 추었다. 어른들은 그것을 인불이라고 했다. 무서워서 밤에는 뒷간에도 가지 못하고 옷에 오줌을 지렸다. 알맞게 비가

* 갈개: 괸 물을 빠지게 하거나, 경계를 지어 다른 곳으로 가지 못하게 만든 것.

내리고 그치면 얼마나 좋겠냐마는 장마가 계속되면 밑에 있는 집들은 물 피난을 가야 했다. 동네 조무래기들은 골목길에 모여 말하기를 미국이나 소련에서 하늘에다 로켓을 발사하면 비를 멎게도 할 수 있고 비를 내리게도 한다는 이야기를 했다.

과학의 발달로 태풍이 일어나고 장마가 언제 시작될 것이라는 시기를 예측은 할 수 있지만 자연의 섭리를 막을 수 없다는 사실은 성장해서 알았다.

우리나라는 물이 풍부하여 금수강산이라 할 정도로 계곡과 강은 맑은 물이 흘렀는데 갈수록 물은 지표 속으로 들어가 자취를 감추었다. 유엔에서 우리나라를 물 부족 국가로 분류 했다고 한다. 봉이 김 선달의 이야기는 해학이지만 우리나라 최초의 물장수다. 대동강물의 판권을 통째로 넘기고 돈을 받았으니 오늘 날 생수 사업가들의 시조인 셈이다. 비록 해학이긴 하지만 참으로 시대를 초월한 해학이 아닐 수 없다. 맑은 물과 오염되지 않았던 금수강산의 물맛이 좋았다. 맛 좋은 물을 공짜로 먹고 사용하였으니 물을 사먹어야 한다는 것은 상상도 하지 못했다.

중동지역에 공사 수주를 하게 되면서 우리나라의 인력들이 중동으로 나갔다. 중동지역의 국가들은 물을 사먹는다는 이야기를 들었다. 그 말을 듣고 물을 사먹고 어떻게 살까 섣부른 동정을 하기도 했다. 그들은 산유국으로 지하자원이 풍부하다는 것을 몰랐던 우물 안 개구리였던 것이다. 다른 나라에 수출할 기름도 지하 자원도 없는 우리도 이제 물을 사먹고 있다. 오염되지 않은 물을 후대에 물려 줘야하는 것은 오늘을 살고 있는 우리들의 숙제다.

400여 년 만의 화해

'대를 이은 묘지 분쟁 극적 타협'이라는 신문기사가 실렸다. 400여 년 이라는 긴 세월 동안 묘지 때문에 분쟁을 벌인 두 가문의 시발점은 조선시대로 거슬러 올라간다.

문벌이 쟁쟁하다는 파평 尹문과 청송 沈씨 두 문중이었는데, 화해를 했단다. 수 백 년 동안 벌였던 묘지 싸움이 매듭짓게 된 사건인 만큼 화제꺼리가 아닐 수 없었다.(2006.4.11중앙일보) 과거 매장(埋藏)의 풍습을 최고로 여겼던 장례풍습 때문에 관청에서 벌어진 송사(訟事)의 비중도 많은 부문을 차지하였다는 기록이 있다. 묘지 송사 사건은 살아 있는 사람의 송사보다 더 중요시하게 여겼고 그 자손들은 목숨을 불사하는 일 또한 많았다고 한다. 묘지 송사는 주로 가문끼리 힘의 대결로도 상통한다고 할 수 있다. 소위 '명당자리'가 분쟁의 원인으로 묘지 송사는 가문의 권력에 따라서 승패가 결정되기도 했단다.

사람의 욕심이란 무한대인지라 우리나라처럼 자손만대까지 음택(묘지)의 복을 받기를 바라는 민족도 드물 것이다. 조선 시대에는 관법만 있는 것이 아니라 가문의 宗中法도 대단한 힘을 발휘하였던 것으로 보인다. 묘지분쟁에 종법도 상당한 영향력을 주었다고 한다.

부모가 돌아가시면 그 자손들은 마지막 효도라고 여기고 슬픈 가운데에서도 지관을 불러서 좋은 터에 조상을 모시는 것이 자식된 도리라고 여겼다. 명당자리의 음복이 가문에 영화가 미친다고 하니 이왕이면 명당 설을 바라는 마음도 있는 것이다.

흥미꺼리가 되는 것은 지관의 말 한마디에 형제끼리도 칼부림이 일어나기도 했다는 것이다. '장자에게 좋은 자리', '차자에게' 혹은 "출가외인인 딸의 아들 즉 외손에게 그 복이 간다."는 한마디에 부모의 빈소 앞에서 다툼이 일어나기도 한다는 것이다. 물론 오늘 날에는 이런 일은 없어졌지만, 매장을 중요시 여겼던 과거에 일어났던 전설이다.

윤・심 두 가문의 분쟁이 되었던 묘는 파평 윤문이 번창한 5세조 윤관장군(1040-1111)의 묘. 명당 중에서도 명당자리에 손꼽힌다는 풍수설로 현무 봉에서 입수룡(入首龍) 한 절룡(節龍)을 이어 그 발하는 복이 후대 36代손 즉 약 천년에 이른다고 하였다하니 오늘 날에 해당하는 것이다.

고려 왕조 34대(475년)에 시작하여 조선왕조 519년 까지 약 일천여년에 걸쳐서 파평 윤문은 크게 번성, 이성계를 도와 조선개국 공신이 된 윤호 제 2차 왕자의 난 때 이방원에게 협조하여 공신이 된 윤곤, 세조의 왕비인 정희 왕후의 아버지 윤번 등은 조선 초창기의 공신들이셨다. 그러다가 중종의 두 계비 즉 장경왕후 · 문정왕후를 배출한 파평 윤문은 두 왕비의 외척으로 대윤과 소윤으로 나뉘어 20 여 년 간 알력을 벌이게 된다.

문정 왕후가 죽자 윤원형에게 원한을 품은 자들은 윤관 장군 묘를 파 해치려는 조짐을 보이자 인근에 살고 있던 파평 윤문의 자손들은 유골을 보호하기 위하여 봉분을 헐었던 것이다. 사람들이 묘를 파헤치려고 당도하였으나 봉분을 찾지 못하고 그냥 돌아갔던 것이다. 그 후 약 100년의 세월이 흘렀다. 인조와 효종 때 영의정을 지낸 심지원이 세상을 떠나자 그 후손들은 명당의 혈이 있다는 장소에 매장을 했는데, 윤관 장군 묘지와의 사이는 3m 남짓 거리를 둔 윗자리였던 것이다.

100년의 세월이 또 흘렀고 파평 윤문 후손들은 묘의 봉분을 새로 조성하고 심지원의 묘를 옮겨 달라고 하였다. 때는 바야흐로 영조시대 파평 윤문 못지않은 외척 가문인 청송 심씨 후손들은 이를 거절 한 것이다.

두 가문 모두 서너 명의 왕비를 배출한 외척인 만큼 高揚태수는 독자적으로 이 사건을 처리하지 못하고 영조에게 상소문을 올렸던 것이다. 당시 영조는 고민 끝에 두 집안의 묘를 모두 인정한다고 하였다. 임금의 판결에 반발한 윤문들은 “당장 심지원의 묘를 이장하게 해 달라”는 상소문을 올렸던 것이다. 이 일로 윤 문중 사람이 태형으로 죽임을 당한 것이다. 일이 이 지경에 이르자 윤문의 후손들은 장군의 묘 뒤에 담을 높이 쌓아 버렸다. 심지원의 묘 앞이 막히게 되자 이번에는 심씨 문중에서 담을 헐어야 한다는 상소를 올리자 윤문에서 거절을 한 것이다. 이렇게 시작된 묘지 분쟁은 반복 되며 해결의 실마리를 찾지 못하고 사 백여 년이라는 오랜 세월이 흘렀던 것이다.

장례풍습도 바뀌었다. 지구상에는 많은 민족들이 있는데 장례풍습이 다양하다는 것을 후세 사람들은 알게 되었다. 두 문중의 관계자들은 1969년 7월에 양가 후손들이 화해 각서를 교환하는 등 간간이 해결의 기미를 보였으나 무산 되었다가 지난해 여름 윤,심 두 문중의 관계자들은 적극적으로 나서서 양해의 각서가 체결, 1월 유홍준 문화재 청장 입회하에 합의가 공인되었던 것이다. 10월 두 문종의 대종회에 따르면 심 씨 종중은 경기 파주시 광탄면 분수리 윤관장군 묘역(사적 제323호) 4만평 내에 조성한 조상의 묘 19기를 이장하고 윤문 종중은 이장에 필요한 부지 2500

여 평을 제공키로 하여 수 백 년 동안 끌어 오던 묘지 분쟁을 해결하게 된 것이다. 두 종중 관계자들은 "조상을 섬기려다 다투게 된 것으로 원한은 없으며 오히려 기쁘다." 라는 말을 하여 후손의 일원으로서 잘 된 일로 생각 한다.

제4부

초승달에 이끌리어

뒷기미 나루(요산문학의 원류를 찾아서)

쌀쌀한 기온은 옷깃을 여미게 하지만 계절은 봄 산을 꾸미고 있다. 이맘 때 쯤 내 고향은 꽃 천지겠다는 생각을 하면서 베란다로 나왔다. 몇 해 전 동생이 둥글레 뿌리를 주기에 항아리 뚜껑에 심었더니 해마다 조롱조롱 흰 꽃을 피워 낸다. 둥글레 꽃을 보니 더욱 고향이 그립다. 겨우내 마구간에서 엉덩이에 쇠똥을 비비며 지내던 소를 들판에 내몰면 줄달음으로 달려가 풀 맛을 보느라 혀를 길게 뽑아 풀을 뜯기 바쁘다. 어지간히 고팠던 배가 불러지면 편안히 앉아 새김질을 한다. 자운영이 흐드러진 들판에 소먹이는 아이들은 이리저리 뛰어 다니며 놀이를 하고 갈대 순 울타리 무성한 물 웅덩에는 메기와 우렁이 기어 다녔다. 시원한 바람줄기가 건들건들 들판을 스쳐 갈 즈음 밀밭의 풋내가 가신다. 누군가가 밀 사리를 해먹자는 말을 꺼낸다. 마른 덤불을 걷어와 밀에 깔고 그 위에 몰래 베어 온 밀대를 얹고 불을 붙이면 연기가 뭉게뭉게 일면서 밀대를 태웠다. 아이들이 몰려들었다. 불길이 잦아들고 작은 막대로 불이 채 꺼지지 않은 재를 들쑤시면 시꺼멓게 그슬린 밀 이삭이 드러났다. 그 놈을 두 손으로 싹싹 비빈 후 입으로 불면 푸릇한 알맹이만 남은 것을 손을 오므려 입에 털어 넣으면 불 냄새가 났다. 고소한 맛에 정신이 팔렸다가 제 얼굴에 묻은 검정은 못보고 친구의 입 언저리며 뺨에 묻은 검정 칠을 보고는 눈물이 나도록 웃었다. 경부선에서 갈라져 나간 경전선이 휘어져 누워 낙동강을 만난다. 강을 건너면 김해 땅, 인도교 옆 마을의 작은 골목길을 따라 가노라면 아래는 강물이 흐르고 다른 한쪽은 경사가 심한 바위산이다. 지금도 자동차가 마주치면 어느 한쪽이 폭이 넓은 곳까지 후진을 해야 비켜 갈 수 있다. 강 건너에는 홍수에 밀려온 모래가 넓은 언덕을 만들었다. 들 사이로 흐르는 강물, 철새가 떠난 오월의 강 언덕은 더욱 푸르고 절벽아래 흰 찔레꽃이 흐드러지게 피어 터널을 이룬다. 사람들이 많이 다니지 않아 호젓하다. 강기슭이 낮아지면서 강물이 빤히 보이는 어딘가에 김정한님의 소설 〈뒷기미 나루〉의 배경이 된 장소, 나루터는 흔적 없다. 누군가가 옹벽을 쌓아 그 위에 집을 지어 횟집을 하고 있다. 나는 가끔 고향 가는 길은 멀지만 이 길로 돌아가는데 그것은 김정환의 소설 '뒷기미 나루'와 그 곳이 지닌 풍경 때문이다. 님의 소설 주인공들은 하층민으로 잡초 같은 생명력을 지녔던 사람들의 이야기다. 오래지 않은 세월에 살았던 사람들의 터전이었던 공간에서 소설을 읽는 재미도 괜찮기 때문이다.

나룻배가 강물을 가르며 다녔다. 춘식은 아버지 박 노인과 둘이 살다가 서른이 넘어서 열여섯 살이던 어린 심 속득에게 장가 들었다. 그런데 심 속득은 제법 수더분한 미모를 지녔다. 삼 년 만에 태어난 아들 칠손이, 춘식이네도 밭 마지기가 있었는데 대동아 전쟁 때 박 노인이 춘식을 징용에 보내지 않으려고 팔았다. 그 밭을 도로 사들인 것은 속득이 온 후였다. 어쩌다 객지 손님이 배 삯으로 주는 돈을 받으면 춘식은 아내인 속득에게 털어 주었다. 속득은 그 돈을 알뜰하게 모아 중 닭을 사왔다. 닭이 알을 낳아 병아리를 깠다. 박 노인이 조석으로 건사하는 일 꺼리가 된 것이다. 돼지・누렁이 개 등 집짐승들로 일손이 더 갔으나 그들은 살림이 불어 오히려 만족했다. 억수같은 비가 내리는 밤 어떤 패거리들이 춘식에게 강을 건너게 해달라고 하였다. 자다가 엉겁결에 배를 떼 내어 노를 저어 갔다. 배가 막 강심께로 나아가는데 비속에 고함치는 소리가 들렸다. "배를 돌리지 않으면 총을 쏘겠다."고 했다. 춘식이 이러지도 저러지도 못하고 머뭇거리자 이번에는 배안에 있던 누군가가 춘식이의 손을 덮쳐 억누르면서 노를 젓게 하였다. 총소리가 났다. 뱃전에 앉았던 사람이 강물 속으로 쳐 박혔다. 밤이 지났다. 총소리를 들은 사람들이 영문을 알려고 모여들었으나 모두 까닭을 모르긴 마찬 가지였다. 한 가지 분명한 것은 춘식이와 배가 없어졌다는 것이다. 다행하게도 춘식이의 배가 삼랑진 하류에 떠내려가 있는 것을 박 노인과 속득이 배를 찾아 소금 배에 매달고 왔다. 그 일로 박 노인과 속득은 관에 불려가 몇 날을 신문받았다. 해가 바뀌어 설날이 되어도 춘식에게서 소식이 없었다. 속득을 심문한 양복쟁이가 어느 날 명례에서 술이 취해 배를 탔는데 배가 강심에 닿자 그는 속득을 덮치려 하다가 강물에 빠졌다. 속득은 정신없이 노를 저었다. 밝은 날 제발로 지서에 가 신고를 한 속득은 살인죄로 돌아오지 못 했다. 며느리가 유치장에 갇히자 박 노인은 뒷기미 산에서 목을 매 자살을 했다. 춘식이네는 3 대째 사공 노릇을 한 집이다. 물론 픽션이다. 그러나 실제로 있는 지명을 배경으로 하여 그 시대에 있음직한 사건 속에 휘말린 춘식이네는 자연에 순응하며 순박하게 살아가는 사람들이었다. 농민들 보다 더 괄시받는 하층민으로 살면서 전쟁으로 밭을 팔아 더 쪼들리는 살림이 되었다. 그리고 또 한 번의 전쟁으로 춘식이 행방불명이 되었다. 전쟁은 백성들의 삶을 황폐하게 만든다. 강 건너에서 '어이'하고 사공을 부르던 객들도 물론이거니와 나루터와 사공도 흔적이 없다. 강물은 흐르건만 그 옛날 푸른 물결이 찰랑되는 맑은 물이 아니다. 배죽 · 명례 · 동산

들판을 거치며 불어 온 오월의 바람은 기억 속에 남아 있는 풍경일뿐이다. 그러나 그곳에 가면 문학이 있다.

지천명에 02 학번 달고

원하는 바가 이루어 졌을 때 그 기분은 말 할 수 없이 뿌듯하다. 행복의 수치를 잴 수 있는 기계가 있다면 아마 최고치가 나올 것이다. 오랫동안 염원하던 바가 꿈이 아니라 실현되어 목련꽃 피는 삼월에 02학번이 되었다. 내가 중등과정을 정상적으로 다녔다면 72학번이었을 것인데 30년이 지나서 02 학 번이 된 것이다.

학기 초 꽃샘추위가 기승을 부렸지만 학교 안은 생기가 넘쳤다. 새내기들이 삼삼오오 어울려 다니는 것이 눈에 띄었다. 갓 입학한 그들을 보고 있으면 마치 연잎에 구르는 물방울처럼 신선하다. 접착제로 붙인 것처럼 어울려 다니는 모양도 보기 좋았다. 그들에 비하여 나는 강의실에서 앉는 자리의 위치도 신경이 쓰였다. 학생들이 나를 부르는 호칭도 '왕 누나', '왕 언니', '이모', '어머니' 등 다양하다. 학기 초 출석 체크를 하시던 교수님마다 내가 대답을 하면 출석부에서 눈을 떼고 학생들을 둘러 보셨다. 교수님들 대부분 젊었다. 그럴 때면 민망스럽다. 교수님께서도 당혹스러우신지 시선 처리가 매끄럽지 못하셨다. 약간의 시간이 흐른다. 그도 그럴 것이 교수님들 서너 분만 나보다 연령이 높고 모두 젊은 교수들이시니. 내 나이를 잊어버리기로 했다. 학부행사에 빠지지 않고 젊은 학생들과 어울렸다. 그들과 똑같이 경험하고 싶었다. 얼마나 사무치게 갈망하던 학생신분이었던가. 학교 안에서는 당당하게 02 학번으로 행동하기로 했다. 공부가 하기 싫어서가 아니라 하고 싶어도 할 수 없었기 때문이었다. 그래서 세월을 초월하기로 했다.

어떤 교수님께서 나에게 질문하시기를 “대학교에 원한이 맺혔셨는가?”라고 물으셨다. 괴테는 “눈물 젖은 빵 조각을 씹어보지 않은 사람과는 인생을 논하지 말라”고 했다. 배움의 기회를 잃어버린 아니 놓쳐보지 않은 교수님께서 어찌 배움에 대한 한과 열망을 이해하실 것인가 사람들은 대부분 말하기를 “공부만 했다면 이렇게 살지 않고 출세했다.”는 말을 한다. 그만큼 학력은 사회진출의 큰 비중을 차지하고 있는 것이 확실하다. 내가 상급학교에 진학하지 않은 것은 자의였으나 환경적인 요인이 작용했다. 배움에 대한열망을 가진 사람들은 세월이 흘러가도 공부를 하지 않으면 그 열정이 사르라지지 않는다.

살림은 아끼고 알뜰하게 생활하다보면 재벌은 될 수 없어도 그럭저럭 먹고 살만하다. 내 생김새는 잘 생기지 못했다. 그렇다고 못생긴 얼굴을 보완하기 위해 성형을 해야지 하는 필요성은 느끼지 못했다. 생긴 대로 한세상 살면 된다. 유명 브랜드 명품 옷을 걸치지 않아도 초라하다거나 부끄럽다거나 창피하다는 생각을 해본 적이 없었다. 그러나 내가 무식하다는 것을 느낄 때는 부끄럽고 초라했다.

학교 도서관 가는 길섶 마로니에 잎이 나를 행복하게 한다. 도서관에 있는 古書의 묵은 향기도 좋다. 같은 학년 학우들과 연령의 차이로 이질감도 느꼈지만 그런 것들은 마음먹기에 따라서 얼마든지 초월 할 수 있다. 그러나 신체적인 기능은 한계점이 있어 피곤을 느낄 때가 있고 시력의 노화에 안구 건조증도 심해 돋보기를 껴야 책을 볼 수 있다. 넓은 바다에 빠져 수영을 할 줄 몰라 허우적거리는 꼴이지만 나름대로 터득할 것이다. 나에게 있어 공부는 물이다. 물을 먹지 않고서는 하루도 살수 없듯이 공부는 삶의 활력소가 되었다. 만학(晩學)은 삶의 원동력이 되고 있다.

지천명에 들어서서 웬 고생을 하느냐는 빈정거림도 받지만 사람은 저마다 생김새가 다르고 생각이 다르듯이 추구하는 행복론도 다르다. 남들이 고생길이라고 여기는 공부가 내게는 세상 어떤 것보다 즐거움을 준다. 사람이 죽음을 면할 수야 없지만 운명은 바꿀 수 있다고 본다. 무의미한 인생길을 가는 것 보다는 배우는 재미와 보람을 맛보는 쪽을 택한 것이 얼마나 잘 한 것인지.

워드 치는 속도가 느려 리포트 준비하느라고 때로는 밤샘을 하기도 한다. 철학 강의실 홉스, 플라톤, 니체의 사상은 도무지 정리가 되지 않는다. 백 이십 여 년 전의 철학자 니체에게 "영겁회귀는 인간의 영원한 딜레마입니까?"라는 질문을 하며 '새 내기들'이라는 말을 선배들로부터 들은 것이 어제 같은데 벌써 가을 학기다. 콩나물 동이에 물을 주면 물은 동이 아래로 전부 흐른다. 그래도 콩나물은 자란다는 섭리를 알고 있다. 백양산 산자락에도 가을이 찾아 들었다. 사범대에서 인문대 가는 길목의 벤치에 앉아 김해들을 바라보니 추수를 끝낸 빈 들녘과 벚나무 사이에 석양이 걸려있어 한 폭의 그림이 되었다.

만남

사람이 살면서 사람을 만나지 않고는 생활을 할 수가 없다. 만남은 운명에 기여 하고 크게는 인생의 진로를 바꾸는 계기가 된다고 해도 과언은 아닐 것이다. 만남은 필연적인 것과 우연인 것이 있다. 기연(奇緣)이나 인연(因緣)에 대하여서는 대부분 긍정적인 견해를 갖고 있지만, 악연(惡緣)은 어떤 사람을 만나므로 인하여 좋지 않았기 때문에 만나고 싶지 않은 관계를 말하는 것이다.

인간은 이 세상에 부모에 의하여 탯줄하나 달랑 메고 태어나면서 핏줄과의 만남을 시작으로 하여 수많은 사람들을 만나게 되는 것이다. 만남이 없는 인생은 있을 수 없다. 유년기에는 자신의 의지보다는 부모님의 인연으로 만나는 것이 대부분이다. 유년을 지나 학교에 가면 선생님을 만나고 책상을 같이 쓰는 친구들을 만난다. 사회라는 거대한 조직체는 많은 사람들을 만나야만 원활한 인생을 꾸려 갈 수 있다. 선배를, 동료를, 더 불어 같은 시대를 살아가는 동반자들을 만난다.

서울 인구는 일 천 만여 명이 넘는다고 한다. 그 사람들이 하루 한 번을 만난다해도 일 천 번이며 그 내용은 천태만상일 것이다. 서울 시민 가운데에 내가 잘 아는 ○○이라는 사람이 있다. 그는 그림과 마라톤에 퍽 재능이 있었던 것이다. 그가 만약 운동을 했더라면 아마 우리나라에서 마라톤 선수로서 그 이름이 길이 남았을 것이다. 그러나 그의 가족들도 이러한 그의 재능을 아무도 몰랐다고 했다. 가정형편상 고등학교를 졸업하고 곧바로 군대를 가게 되어 훈련을 마치고 배치된 곳이 백령도였으며 전역은 부산시에 있는 국군 통합병원에서 했다는 것이다. 그는 고향으로 갈 수 없었다고 했다. 그가 군복무를 시작하고 일 년 쯤 되었을 때 부친께서 타계하셨던 것이다. 서울에서 밥줄을 잡은 그의 형님은 고향집을 처분하고 모친을 서울로 모시고 갔으니 미혼이던 그도 서울에서 살게 된 것이다,

○○는 고향집의 그리움이 늘 마음 한구석에 남아 있었던 것이다. 전역하고 경부선 기차를 타고 서울로 갈 때 빤히 보이는 고향집을 바라보면서 서걱이는 뒤란의 대숲에 추억을 묻고 현실에 따라야 했던 것이다. 시골 살림을 하시던 모친이 서울에서 시작하려니 집을 처분하지 않고는 달리 방도가 없었다는 것을 그도 잘

알고 있었다고 했다. 그의 입장에서 보면 고향을 떠나야 한다는 마음의 정리가 없었던 것이다. 그것은 늘 그리움으로 남았던 것이다. 전역하면 연로 하신 부모님 모시고 고향에서 살 생각이었다고 했다. 그는 가끔 선친과 고향집이 사무치게 그리울 때가 있다고 했다. 세월이 흘러 그도 결혼을 하여 알뜰한 아내와 올망졸망한 두 아들을 둔 가장으로 크게 출세하지 못했지만, 특별시에서 제법 자리가 잡혀갈 무렵 IMF를 만나 다니던 직장을 그만 두어야 했다는 것이다. 그는 나이가 들어도 할 수 있는 자신의 일을 하기로 결심하고 실내장식과 유리공사를 했던 것이다. 시골에서 성장하였으니 인내심과 남다른 부지런함으로 주위로부터 인정을 받았는데 공기(工期)를 맞추기 위해서라면 야간작업을 해서라도 그 기일을 지켜주어서 자립의 발판을 굳혔다고 했다. 건축일이라는 것은 건물이 완공해야 공사대금을 받을 수 있다는 단점도 있다며 경기침체의 여파로 어려움이 많았다고 했다. 그러던 중 어느 날 제법 큰 공사를 맡게 되었는데 그 건축주가 대접하는 식사자리에서 이런저런 이야기 끝에 그의 언어의 억양을 듣던 건축주는 그에게 고향이 어디냐고 묻더란다. 그는 '○○'시라고 답을 했단다. 읍 단위까지 세세하게 말을 해봐야 서울 사람들이 어찌 남쪽 지방의 시골 마을 이름까지 알랴싶어서 그는 서울에서 고향이 어디냐는 물음에 늘 '○○'시이라고만 말을 했다는 것이다. 그러자 건축주가 하는 말이 '○○'시내에서 국도를 따라 부산 쪽으로 내려가면 ○○의 마을이 있지요?" 라는 건축주의 말을 듣는 그 순간 그는 "등골이 오싹 했습니다."라고 했다 그도 그럴 것이 서울 한복판에서 시골의 도로를 소상하게 알고 있더라고 했다. 건축주는 다시 말을 이어서 "오순절 평화의 마을을 지나서 신작로 모퉁이 돌면 작은 동네가 하나 있습니다. 그곳에도 내 집이 하나 있지요."라고 하더란다. 그가 고향을 뜨지 십 수 년이 넘었다지만 이동이 빈번한 곳 이 아닌 시골인지라 풍문으로라도 고향 소식은 듣고 또 일 년에 두 세 번은 선산을 찾아가는 터기에 고향 사정을 조금은 아는 편이라고 했다. 그런데 아무리 봐도 안면이 없는 사람이 그 동네에 집이 있다고 하다니 도깨비에게 홀린 기분이 들더라고. 그러자 건축주는 다시 말을 이어서 "그 마을 제일 윗집이 우리 집"이라는 말에 머리털 끝이 쭈뼛 하더라고 했다. 그럴 것이 아직도 간혹 고향집 꿈을 꾸기도 하고 문고리에 그의 가족들 손때가 묻어 있을 집을 말하고 있기에 이것은 꿈인가? 하며 두 사람은 마주 바라보았던 것이다. 두 사람의 사이에는 참말로 묘한 기류가 잠시나마 흘렀단다. 그의 표정이 이상했던지 건축주가 "그 집을 아십니까?" 하면서 십칠 년 전에 별장 겸 사 두었는데 지금은 친구가 사용하고 있다는 말을 하더란다. 두 사람은 아무런 연고도 없는데 남부지방의 한 마을에 있는 집을 두고 전에 살았던 사람과 현재 소유주가 서울 한복판에서 만난 것이다. 그냥 흘러버릴 수 있는 이야기였지만, 두 사람이 집을 매개로 하여 만남이 이루어진 것은 기이한 인연이었다. 공사가 끝나자 건축주는 일시불로 공사대금을 지불해 주더라고 했다. 세상만사 사람들이 만나고 헤어지는데 있어서 모두 결말이 좋을 수만 없다. 그렇다고 악연이라고 생각할 만큼 좋지 않은 일도 드물 것이다. 사람 사는 세상살이 미래는 예측하기 어렵다. 사람은 언제 어디서 어떤 관계로 다시 만나게 될지는 모른다. 우연히 다시 만나더라도 반갑고 그 사람을 떠올리면 입가에 미소가 남는 그런 만남들이라면 살맛 나는 세상일 것이다.

사투리의 매력

초등학교 저 학년 시절 한글을 익히게 되면서 글 쓰시는 할머니 곁에서 간섭을 했다. 그 이유는 할머니께서 'ᄂᆞᆫ'을 쓰 놓고 '난'으로 발음하시니 'ᄂᆞᆫ'은 '난' 자도 '는' 자도 아닌 미완성의 글자라고 했다. 나무를 '낭게'라고 하시면 낭게가 아닌 '나무'라고 고쳐 말하면서 할머니는 사투리만 쓴다고 쫑알거렸던 것이다. 그리고 과일나무를 말씀 하실 때는 그 열매를 지칭하는 명사 뒤에 '낭게'라고 하셨다. 예를 든다면 '추자낭게 · 감낭게 · 대추낭게'라고 하시는 것이다. 겨우 한글을 읽게 된 주제에 할머니의 말씀과 글이 틀렸다며 곁에서 참견하자 할머니께서 "니는 학교에서 신식 글 배우고 나는 우리 노선생한테 구식 글을 배워서 그렇다. 니는 구식 글을 모르고 나는 신식 글을 모르니 각자 선생한테 배운 대로 쓰자" 고 하셨다. 1891년 구한말에 태어나 별당 큰 아기씨로 출가

하실 때까지 대문 밖 출입도 못하셨다던 할머니는 집에서 기숙(寄宿)하시는 노스승에게서 글을 배우셨노라고 하셨다. 할머니를 가르친 老스승은 1840년대의 출생이라고 하신 점을 감안 한다면 할머니의 글과 내가 학교에서 배우는 한글의 시대적인 차이는 1세기라는 시간의 흐름이 있다. 초등학교 저 학년이었기에 『훈민정음』의 옛글자를 몰랐던 것이다. 1933년 조선어학회가 제정한 한글 맞춤법 통일안을 근거로 하여 만들어진 학교문법과 '표준어는 교양 있는 사람들이 두루 쓰는 현대 서울말로 정함을 원칙으로 한다.' 교양 있는 사람들이 두루 쓰는 현대 서울말 그것을 다른 뜻으로 바꾸어 말 한다면 지역민이 사용하는 사투리는 교양 없는 사람들이 하는 말이며 무식한 사람들의 언어라는 것으로도 해석할 수 있다. 실제로 그 시절에 서울에서 사투리를 구사하는 사람들을 폄하하기도 하였단다. 지역 사투리를 경상도 방언, 전라도 방언, 함경도 방언 등이라는 말을 사용하기도 하지만 방언학을 연구하던 사람들 외는 잘 쓰지도 않았다. 사투리야 말로 지역적인 특질을 가지고 있는 민속적인 언어인데 지방 사투리는 무식한 '촌놈'들의 말이라고 폄하한 시절이라 시골 사람들은 간혹 서울나들이 갔다가 사나흘 만에 돌아와서는 서울말 흉내를 낸다고 어조(語調)를 빼기도 하여 우스갯감이 되었던 일도 더러 있었다. 오늘 날에는 방송매체에서 지역 사투리로 웃음을 자아내는 개그프로도 있고 사투리는 그 지역 언어라고 민속적인 대접도 받는다. 그러나 방송인은 지역 사투리 억양을 고쳐야 한다는 것을 알고 있다. 지역 사투리 중에서도 경상도의 사투리는 대부분은 單母音 'ㅐ'와'ㅔ'의 대립과 'ㅓ'와 'ㅡ'가 별개로 음운 노릇을 하지 못하고 모음 수가 전국적으로 가장 적은 방언으로 특정 지을 수 있다. 단모음 'ㅚ,ㅟ'도 없고 이중모음의 'ㅢ,ㅙ,ㅞ'등도 없기 때문이다. 예를 든다면 '외국, 궤짝'은'애국,게짝'으로 발음한다. 그리고 자음 중 'ㅆ'을 된소리로 발음하지 못해 '쌀', '싸우다'를 '살', '사우다'로 발음한다. 이왕 사투리에 대한 이야기가 나왔으니 우스운 이야기 한 토막을 해보기로 한다. 6.25 전쟁이 터지자 부산 쪽으로 피난민들이 몰렸던 것이다. 나의 고향 마을은 피난민들이 지나가는 길목이 되었단다. 그러자 피난행렬을 상대로 하나 둘 먹거리를 만들어 파는 사람들이 생겼다. 그중에 제법 짭짤하게 돈벌이 하는 사람들도 있었단다. 그래서 우리 할머니께서도 좁쌀(조)로 떡을 만들어 함지박에 담아 전을 폈던 것이다. 한참 오르막 고개 길을 피난 보따리를 이고지고 숨을 헐떡이면 오르던 사람들은 먹을 것이 있으니 자연히 떡 함지박 곁으로 모여들었는데 그중 한 젊은 여인이 "할머니 이것 조 떡 이어요?" 라고 물었던 것이다. 서울 가 본 일이 없는 우리 할머니께서는 더구나 경상도에서 좁쌀・잔수라고 하는 것을 서울사람들은 '조'라고 하는 줄 짐작도 못하시고 젊은 여자의 입에서 나온 단어를 '조에ㅈ 떡'으로 들으신 것이다. 안면이 붉으락푸르락 하시며 "전쟁이 일어나서 나라가 망하려고 젊은 것이 쌍스러운 소리를 한다."시며 노발대발 하셨던 것이다. 여자로서는 장신이셨던 우리 할머니의 서슬에 피난민들은 떡을 쥐고는 슬금슬금 모두 도망을 가버렸고 함지박의 떡만 다 없어졌던 것이다. 그렇게 할머니의 떡 장사는 한 번으로 끝났다고 하셨다. 세월이 흘러 할머니에 대한 이야기도 잊혀졌다.

다른 지역의 사투리는 어절의 높낮이도 있고 길고 짧은 리듬감이 있어 부드럽지만 경상도 사투리는 부드러운 맛은 없으나 힘이 있다. 단축하는 것도 장점이라면 장점이다. 때문에 소리로 즉석에서 뭉치는 마력을 지니고 있다. 롯데 프로 야구단이 홈 경기장에서 경기를 하는 날 사직 경기장에 가보면 다른 지역의 경기장에서는 볼 수 없는 광경이 있다. 한참 경기가 진행되고 롯데 선수측이 이기면 관람석에는 남녀노소 불문하고 응원의 열기가 뜨겁다. 타자는 홈런 한방 날리려고 방망이를 겨누고 투수는 어떻게 하면 타자에게 스트라이크를 먹이고 점수를 주지 않을까 하는 신경전으로 타자와 투수사이에 긴장감이 팽창하다. 유명 타수의 등판에 투수의 몸짓은 더욱 암시적인 몸놀림을 보인다. 투수의 손에서 빠져 나간 공이 타자의 방망이에 잘 맞은 상쾌한 소리를 내면서 공은 펜스 넘어 관중석으로 떨어진 공은 홈런이다. 공이 낙하한 부근은 한바탕 공을 향한 쟁탈전이 시작된다. 누군가가 공을 가지면 이내 관중석에서는 "아주라, 아주라, 아주라"하는 함성이 경기장을 뒤흔든다. 아이를 데리고 야구장에 온 보호자는 아이를 안고 득달같이 달려 와서 공을 주운 사람 앞에 아이를 들이밀어 아이 손에 공이 쥐어 질 때까지 그 함성은 사그라지지 않는다. 이것이 부산 경기장 인심이요 사투리의 단결력이다. '아 주라' 하는 함성은 부산의 야구장에서 제일 먼저 생겨난 말이다. 그러다가 열성 팬들이 롯데 프로 야구단이 경기를 하는 구장마다 따라 다니면서 응원하게 되자 '아주라' 하는 소리를 다른 구장에서도 들 을 수 있게 된 것이다. 그러나 부산의 경기장에서처럼 선뜻 아이에게 공을 주지 않는다는 것이다. 비록 억양이 억세고 무뚝뚝하여 인정이 없다는 말을 듣지만 실상은 경상도 사투리처럼 구수하고 정감이 넘치는 말투도 드물다. 그래서 부산 사투리가 투박하지만 구수하다고 하지 않는가.

설악 산행

팔월 한가위 명절 날 집을 떠나보기는 처음이었다. 우리 일행은 설악산 봉정암이 목적지였다. 산을 오르는 코스는 백담사를 경유 오세암을 지나서 봉정암에 올랐다 대청봉을 구경하고 하산은 남설악으로 내려오는 일정이었다. 나는 나의 인내심을 실험하기로 작정했다.

백담사 입구에 도착한 시간은 16일 새벽 4시 입구의 식당에서 간단하게 조반을 먹고 주최 측에서 나누어 주는 주먹밥 한 덩이를 점심으로 배급받아 배낭에 넣었다. 백담사까지는 경내의 버스로 갔고 백담사에 내려서 기념사진을 찍고 오세암으로 향하였다. 같이 간 일행에게 봉정암에서 만나기로 약속을 했다. 그들은 등산 경험이 많은데다 후배들로 공연히 내가 끼여 있으면 피해를 줄 것 같아서 그들과 헤어져서 나는 앞으로 갔다.

지난 여름 수마가 계곡을 휩쓸고 지난 간 흔적들이 역력했다. 아름드리나무가 쓸려 내려 길을 가로막기도 하였지만 산은 가을 풍경을 한껏 뽐내고 있었다. 가슴 깊숙한 곳에 있는 폐부를 도심에서 찌든 때를 클리닝 한다는 생각을 하자 상쾌하였다. 행여 일행들이 내가 지나간 흔적을 발견 하라고 메모를 남겼다. 사람들이 지나다는 길에 과연 눈에 보일까하는 의혹을 하면서도 걱정하지 말라는 암시로 남겼다. 빨간 단풍잎은 꽃보다 더 아름답게 반겨주었다. 눈썹도 빼놓고 가라고 할 지경이라는 산행 집에서 들고 온 사과는 입안에서 혀를 바쁘게 움직이도록 하여 사과맛의 경이로움에 사과의 향기가 오래도록 입안에 남아있다. 오세암 경내를 한 바퀴 돌고 다시 봉정암으로 향했다. 목적지까지는 2키로 남았다는 이정표를 보고 한참을 올랐는데도 하늘 밖에 아무것도 보이지 않는 깔딱 고개다. 10분도 오르지 못하고 계곡에서 발을 담근다. 숨이 차오르고 한발 한발 위로 오르면서 TV에서 산악인들이 히말라야 등반을 하던 장면을 생각했다. 산은 올라가는 사람과 내려오는 인파로 골짜기를 메웠다. 풀 향기보다 골짜기에 파스 냄새가 진동하였는데 알고 보니 내려오는 사람마다 다리에 파스를 붙이고 있었다. 그들은 내려오기가 더 힘들다고 한다. 아무렴 올라가는 것이 더 어렵지 내려오는 것이 뭐가 더 힘들까 싶었다.

2시 15분 드디어 깔딱 고개에 올랐다. 봉정암으로 가려면 이제는 다시 내려가야 했다. 일행에게 문자를 보냈다. 즉시 답이 왔다. 일행들은 벌써 봉정암에 도착했다는 것이다. 분명 내가 먼저 출발하였고 그들이 지나가는 것을 보지 못했는데 아마 내가 계곡에서 발을 담구고 있을 때 지나 간 듯 했다. 우리 일행은 봉정암 방 하나를 빌렸는데 서넛이 누워도 비좁을 방에 버스 한 대 인원들이 비집고 들어가니 발을 펴지도 못하고 앉아 있기도 불편했다. 저녁공양을 하려고 무려 두 시간이나 줄을 서 있었다. 미역국에 밥 한 덩이, 그 맛이 꿀맛이었다. 인원의 반을 나누어서 방에 들기로 하였다.

골짜기는 사람들로 인산인해를 이루었다. 팔월 달이지만 설악산의 밤은 추웠다. 어찌어찌 하여 처마 밑에 자리 잡고 찬 이슬을 피하는 사람들은 운이 좋은 사람들이었고 비옷 한 벌을 구입하여 껴입고 밤을 서성이는 사람들이 더 많았다. 우리 일행은 새벽 4시에 일어나 대청봉을 오르기로 하였다. 일출을 보려고 일행과 함께 대청봉을 향했다. 산길 바위를 타며 위로 오르기를 한 십여 분이 지났을까 어지럽고 속이 매스꺼웠다. 체력의 한계에 부딪힌 것이다. 잠시 쉬면서 생각을 했다. 다시 절로 내려가 왔던 길로 갈 것인지 아니면 일행과 동행을 할 것인지. 일행이 사탕 하나를 건네줬다. 나는 내 몸 상태를 안다. 이럴 때는 아무 것도 넘길 수 없다. 만약 넘겨도 도로 역류 할 것이다. 그래도 산행에 경험 많은 그들이 권하기에 입에 넣었지만 속에서 받아들이지 않아 뱉었다. 천천히 호흡하면서 정신을 가다듬었다. 일행들은 먼저 소청봉으로 올라가고 동생이 나와 남았다. 다시 천천히 산을 올라 소청봉에 겨우 도착하니 먼저 도착한 일행들이 라면을 시켜 놓았다. 면발이 넘어가지 않아서 국물만 먹었다. 속이 좀 진정되었다. 새벽인데도 산 준령을 타고 무수한 불빛이 산을 오른다. 사람들의 말소리가 새벽공기를 타고 내 귀에 들렸다. 산 준령마다 불빛이다. 영원의 불야성이라고 해야 할까.

대청봉에 올랐다. 바위와 돌무더기 말고는 바람뿐인 대청봉에서 달을 보았다. 달빛 아래 산봉우리들은 운무에 잠겨있다. 산을 오를 때의 피로는 바람에 깡그리 날아간 듯 상쾌하다. 신선이 되었다. 달빛으로 낚시를 했다. 얼마 후 안개인지 구름인지 바람에 섞여 왔다. 바람이 점점 더 세차게 불자 먼저 대청봉에 도착한 일행들은 춥다고 하산을 하자고 했다. 일출을 보지 못하는 아쉬움을 뒤로하고 남설악으로 하산을 했다. 내려오는 계곡의 경관에 탄성이 절로 나왔다. 정철이 『관동별곡』을 지은 것을 이제야 알 것 같았다. 무릎이 아파서 앞으로 걷지 못하고 뒤로 걸었다. 어제 깔딱 고개를 기면서 내려가던 사람들이 하산 하는 것이 더 무섭다더니 오늘 내가 당하는 경험으로 알았다. 올라 갈 때 7시간 정도 소요되었는데 내려 올 때는 무려 9시간이나 걸렸다. 남설악 온천은 수마의 피해를 입고 수리를 하지 못해서 영업을 하지 않았다. 오색약수터 방향으로 가서 온천을 하고 나오니 신기하게도 아픈 통증이 모두 풀렸다. 포기하지 않았던 인내는 내게 대청봉 등반이라는 행복한 선물을 안겨 주었다.

열하에서 내몽고 초원까지

연암의 견문기가 없었다면 후대의 우리들은 중국황제가 여름 한 철 머물렀던 열하를 크게 주목하지 않았을 것이다. 국문학을 전공하면서 『열하일기』를 접하고 한 번쯤은 가보고 싶었는데 마침 부산 문인협회에서 해외문학기행을 간다기에 얼쑤하고 망설이지 않고 동참하기로 했다. 7월 2일 설레는 마음으로 가방을 챙겨들고 여행사에서 모이라고 지정한 장소로 나갔다.

230 년 전 음력 유월 스무 나흘 날 사신일행이 압록강을 건너 황성까지 오는데 여러 날 걸렸을 것이다. 우리 일행은 음력 5월 21에 북경에 도착했으니 거의 한 달가량 앞 당겨 도착한 셈이다. 북경의 공항을 빠져 나오자마자 염천더위 맛을 톡톡히 보았다. 박물관을 대충 훑어보고 점심을 먹고 열하로 향했다. 소요되는 시간은 2시간 30분. 해외문학기행 단원은 41명 기행문을 조별로

맡은 구간이 있어 박물관에 관한 것은 경로만 기록한다. 내가 맡은 부분은 열하에서 외상초원까지다.

금성위 박명원이 청나라로 사신이 되어 갈 때 三從弟인 연암을 데리고 갔다. 과거에 우리나라는 해를 거르지 않고 중국에 사신을 보냈던바 『조천록(朝天錄)』이라는 명나라 기행이 40 여종, 『연행록』이라는 청나라 기행은 100여 종이 남아 있다는 학설을 보아 조선시대 사대부들이 가장 동경한 나라가 중국임을 짐작 할 수 있다. 많은 기행문이 있지만 연암의 문체가 기발하여 오늘 날까지 널리 읽혀진 『열하일기』는 작가의 새로운 문물에 대한 진보적인 면을 높이 평가, 그리하여 후대인들은 '열하'에 가보고 싶어 하는 것이다.

사신일행이 황성 가까이 와서야 왕은 더위를 피해 이미 열하로 옮긴 후라는 것을 알고 사신 일행이 어찌할 줄 몰라 우왕좌왕 할 때 청나라 관리가 사신일행이 묵고 있는 숙소에 와서 "열하"로 가야 한다며 아울러서 생신날에 늦으면 안 된다는 엄포를 놓았던 것이다. 일부는 북경에 남고 꼭 가야 될 정사를 비롯하여 몇 명만 열하로 갈 때 선생도 그 일행 속에 끼이게 된 것이다. 부랴부랴 말 엉덩이를 채찍질 하면서 주야로 행군했을 그 고초를 상상한다. 차창 밖을 바라보니 도로 양옆으로 버드나무와 수양버들이 줄지어 늘어 서 있다. 버드나무가 어찌나 키가 크고 잎이 번들

번들 기름기가 끼였던지 꼭 청나라 관리들을 보는 것 같다. 저 번들거리고 유들유들한 얼굴로 우리나라 사신들에게 주었을 굴욕감을 생각하니 엉뚱한 발상이 떠올랐다. 중국 땅의 버드나무를 지난 날 淸의 대신들로 여기기로 했다. "이놈들 어서어서 앞으로 나와 부산 문학기행단을 맞이하라! 만약 조금이라도 불손한 태도를 보이면 그냥 보고만 있지 않을 것이다."라는 나의 호령을 들었는지 버들대신들은 흔들거리고 어수선하게 쑤군거렸다. 버들대신이 뒤에 서고 수양대신(수양버들나무)이 앞에 도열 하는데 보아하니 하늘 높은 줄만 알고 건들거리는 버들대신 모양새는 뻣뻣하였고 수양 대신들은 허리를 굽혀 정중하다. 늘어서서 말총털이를 휘날리며 우리들의 비위를 맞추는 모양새가 그럴듯하니 다시 호령하기를 "바삐 열하 건양호텔에 기별하여 식단은 물론이고 숙소도 말끔하게 정리하여 우리 단원들이 불편하지 않도록 기별하라!"

차창 밖 풍경은 끝없이 펼쳐진 옥수수 밭뿐이라 단조로웠는데 이런 상상은 지루하지 않고 재미도 있었다. 이런저런 주문을 버들대신들에게 하면서 지난 날 이 길로 사신일행들이 주야로 달릴 때 벼슬아치들은 갓을 썼으니 그나마 불볕은 면했을 것이지만 짐을 진 하인들과 말고삐 잡은 노복들은 갈아입을 옷인들 변변하였을까? 살결은 볕에 그을리고 삼베 잠방이는 이슬에 젖고 비바람에 삭아 궁둥이가 보이는 행색으로 삼복더위에 헉헉거리며 쉴 곳을 겨우 찾아 들면 숨을 돌리기도 전에 "어서 오라" 하는 기별이 당도한 것이다. 상전은 말을 타고 가면서 졸다가 떨어지면 말고삐 잡은 노복을 탓하여 노복의 뺨을 후려치니 두 눈에 번갯불이 번쩍이고 양 볼이 얼얼하였을 것이다. 창자인들 채웠으며 짚신인들 신었으랴! 이런저런 상상은 과거와 현재를 넘나들고 시선은 차 창밖을 바라보고 있다. 회화나무와 낙우송(落羽松)이 듬성듬성 서 있다. 넓은 들 사이로 실개천이 겨우 명맥만 유지하고 흐른다. 옥수수 밭은 길 따라서 끝이 없는데 그 도로를 따라서 양 옆에 철조망을 쳐 놓은 것을 보고 이내 야생동물들을 보호하기 위한 시설이라는 것을 금방 생각해 내고는 감탄을 하지 않을 수가 없었다. 이런 점은 우리나라도 한 번 짚고 넘어가야 한다고 느꼈다. 고속도로는 형편없는 수준이었으나 야생동물을 보호하는 철조망은 곧 사람의 목숨과도 직결하므로 대단한 것이였다. 운전을 하다가 생각지도 않는 곳에서 돌발 상황이 일어나면 운전자의 생명도 위험하다. 야생동물은 물론이고 사람의 목숨도 보호하니 일석이조가 분명하다. 선진문화라는 것은 눈부시게 발전하는 세련된 아름다운 것만 있는 것이 아니라 동식물이 함께 공존할 수 있는 환경이 바로 선진문화인 것이다.

벽돌과 기차 길

중국의 기차 속력은 우리가 상상 할 수 없도록 느리고 철도의 거리는 매우 길다고 들었다. 철도가 가까운 마을 집은 몇 채 되지 않아도 벽돌공장이 있다. 만들어 놓은 벽돌은 우리나라의 비닐하우스처럼 해놓고 거적을 덮어 비바람에 벽돌이 상하지 않도록 보관을 했다. 벽돌공장이라고 하지만 그 시설이 허름하기 짝이 없다. 흙산에 벽돌 찍는 기계와 돌을 골라내는 기구만 차려 놓으면 벽돌 공장이 되는 것이다. 마을 어귀에는 쓰다가 남은 벽돌 무더기가 방치되어 있었다. 북경에서 승덕까지 가는 길목의 어느 마을 할 것 없이 벽돌무더기가 있었다. 땅이 넓은 중국은 집이 오래되면 헐어내고 짓는 것이 아니라 다른 곳에다 집을 짓고는 오래된 건물은 헐어버리는 듯 했다. 지붕은 크기만 다를 뿐 모양은 대체로 같다. 우리나라는 굴뚝을 지붕과 분리하여 설치하는 반면에 중국은 지붕 가운데나 가장자리에 굴뚝을 만들어 놓은 걸 보니 아마 열손실을 없애려고 그렇게 만들지 않았을까 하는 생각을 했다.

중국에는 회나무와 회화나무를 가로수로 많이 심어 놓았다. 회화나무는 선비를 상징한단다. 황제가 기거한 이곳에 회화나무가 없으랴. 중국 고대 소설 속에 거리의 풍경을 묘사 할 때 회화나무 그늘아래 길손이 쉬고 있는 장면을 묘사했는데 이제야 알겠다. 건양 호텔에 도착하여 저녁을 먹고 연암에 대한 세미나를 정영자·김정자 두 교수께서 하셨다. 다음날 아침 여행사 사장이 말하기를 "다른 팀들이 하는 세미나를 여러 번 보았지만 부산 문학기행단처럼 12시를 넘기면서 하는 열띤 세미나는 보지 못했다." 고 했다.

7월 3일 아침 일찍 일어나서 열하 강가를 거닌다. 오늘 내가 걷는 것처럼 연암선생도 이곳 어디쯤 거닐었을까? 강물이 맑지 않았으나 사람들이 늘어서서 낚싯대를 드리우고 있었다. 선생이 보았던 풍경과 지금 내가 마주한 풍경이 다르다면 현대와 과거라는 세월 탓에 의식주 해결하는 환경만 다를 뿐 느끼는 감정은 별반 다르지 않았을 것이다. 선생은 새로운 풍물을 보고 벼루에 붓을 찍어 기록하였다면 우리는 간단하게 볼펜으로 메모지에 구경하고 느끼는 것을 쓰고 있다. 오늘 후학은 선생의 발자취를 찾아왔더니 과연 선생의 이야기 만큼 땅이 넓고 넓었다. 중국 땅의 광활함에 선생은 소리치며 울만한 장소라고 했듯 열하까지 오면서 나를 전율하게 한 것은 거대한 대륙이었다. 관광호텔 뒤를 둘러보니 오래된 집은 모두 허물어 버렸다. 선생이 처음 보고 감탄했던 옛 벽돌은 다시 흙이 되어있어 옛 모습을 찾을 수 없어 아쉬운 마음으로 발길을 옮겨 큰 길로 나와서 피서 산장의 육각 탑을 바라본다.

문학기행단은 아침을 서둘러 먹고 보령사로 향했다. 보령사(普寧寺)는 건륭 20년에 착공하여 4 년 만에 완공한 건물로 건물 안에 목조관음상이 있다. 높이는 22.28미터, 손 한 개 무게가 20톤, 총 무게는 110톤으로 세계 최대의 목조관음상이라 한다. 목조관음상의 위대함도 장려 하였지만, 나는 관음상보다 보령사의 지붕을 보려고 꼭대기로 올라갔다. 꼭대기에 오르자 햇볕에 반짝거리는 지붕의 일부가 보였다. 연암선생이 이 절 지붕을 보았을 때는 완공한지 불과 십 여 년 안팎이었을 것이다. 이동하여 티베트와 중국의 건축양식이 절충되어 지어진 '포탈라'로 갔다. 이곳 건물은 홍색과 백색이 숲과 어우러져 묘한 풍경을 자아내기도 하지만 아름답다거나 신비감은 없다. 외벽 각 층마다 일직선으로 창문이 없다는 것이 호기심을 불러 일으켜 현지 가이드에게 물었더니 티베트의 건축 모양을 딴 건물이라 그렇게 했다는 것이다. 원래 흰

색은 '백궁'으로 홍색은 홍궁은 '포트랑 마르포라고'라고 하며, 주로 종교의식과 연구를 위해 사용되는 곳이라 한다. 규모는 작지만, 티베트의 포탈라 궁을 축소한 건물이라고 가이드가 설명했다. 창문은 흔적만 있고 막혀있었다. 티베트의 건축양식을 따라하느라고 막았다는 가이드가 보충 설명을 했는데 티베트는 바람이 센 곳이라서 바람 때문에 창문을 막은 것 같다고 한다. 지붕꼭대기에 오르니 마주 보이는 성벽에 관광객들이 관람을 하고 있었다. 성벽 아래로 큰 강물이 흐르고 산세가 매우 험한 곳인데도 산 정상에 성벽을 높이 쌓았다. 관람을 마치고 4시간 동안 버스로 다시 이동을 해야 한단다. 부산에서 서울까지 걸리는 시간이다. 중국 땅이 넓다는 것을 새삼 실감했다. 내몽고로 가는 동안 주점 비슷한 곳에 정차하고 주인의 양해를 얻어 생리 현상을 해결 하는데, 문학기행 단원 대부분 암모니아 가스 때문에 기절할 지경이었다. 우리는 옛날 화장실이라도 한 사람씩 용변을 보도록 해 두었는데 중국은 사람이 많아서 그런지는 몰라도 여러 사람이 들어가서 용변을 보도록 해 놓고 칸막이가 없어 불편하기 짝이 없었다. 내몽고로 갈수록 거대한 숲에 압도 되었다. 가도 가도 끝이 없는 푸른 숲은 인력 자원이 풍부하고 광활한 국토임을 말 하고 있다. 지금 세계의 인류가운데 중국에서 생산되고 있는 물품을 쓰지 않는 나라가 없을 것이다. 등골이 오싹 하다. 끝없는 대륙에 인공 산림을 조성하는 중국의 국력과 기술이 우리에게 무기로 다가오는 것 같았다.

지금은 우리나라가 앞선 기술문화라고 하지만 무엇이 이들보다 낫단 말인가? 전자 기술과 생활환경이 이들보다 좀 앞 서 있다고 그것들로 우월하다고 할 수 있을까? 중국은 우주선을 쏘아 올렸다. 핵과 광활한 땅덩이가 있다. 그리고 인구가 엄청나게 많다는 것을 상기해야 한다. 내몽고에 가까워질수록 숲에 빠져들었다. 끝없이 펼쳐진 초원에 잘 조성된 아름드리나무와 이름 모를 무명초가 눈길을 끌고 어둠이 소리 없이 붉은 노을을 잠식할 때 여장을 풀었다.

초승달에 이끌리어

시외에 볼 일이 있어 갔다가 돌아와서 차에서 내리는데 초승달이 서쪽 하늘로 막 넘어가는데 형언 할 수 없는 아름다움으로 여운을 남겼다. “초승에 달을 서서 보면 그 달 내내 바쁘고, 앉아서 보면 그 달은 편하게 보내게 된다.”던 어른들의 말씀을 떠올리면서 근거 없는 말이겠거니 하면서도 한편으로는 9월도 몹시 바쁘겠구나 하는 생각이 들었다.

우주의 동쪽과 서쪽은 해와 달이 드나드는 天門이라고 표현 할 만큼 古人들에게 있어 달은 신비의 세계요 한탄을 풀어 놓는 대상이기도 했던 것이다.

어려서는 달나라에 항아(姮娥)*라는 아름다운 여인이 살고 있으며 달 표면이 어둡게 보이는 것은 계수나무 아래서 토끼가 방

---

* 姮娥:(항아)달의 여신

아를 찧고 있기 때문이라는 전설이 사실인줄 알았다. 초승달은 그리 밝지 않을 뿐만 아니라 초저녁에 동쪽에 떠올라 이내 서쪽으로 넘어가기 때문에 사실 도시에서는 초승달을 잘 볼 수 없다. 현대인들은 달은 태양의 빛을 반사한다는 사실을 모르는 사람이 없을 것이다. 그 모양은 변하고 다시 초승달이 되기까지는 한 달, 태고 이래로 지금까지 반복하고 있다. 여인의 잘 생긴 눈썹을 보고 '초승달'에 비유하기도 하는데 달은 여성적인 우아한 매력을 지니고 있다고 할 수 있겠다. 그믐밤은 캄캄하여 칠흑 같은 밤이다. 전기가 없었던 시절에 어둠을 밝혀 주었으니 대낮 같은 보름달이 동산에 떠오르면 밤길 가던 나그네는 옛 동무를 만난듯 반기며 앞서거니 뒤서거니 때로는 길잡이 역할을 하였겠지. 달은 해처럼 정열적인 뜨거움은 없지만 古今에 이르도록 달을 동경하고 예찬하는 것이다. 천지간에 임자 없는 달은 사람의 마음을 지그시 이끌리게 하여 여인에게는 기원을 들어줄 것 같은 신비한 존재였던 것이다. 「井邑詞」의 내용은 멀리 낯선 곳으로 행상 떠난 임의 안녕을 기원하는 여인의 애틋함이 담겨 있다. 當時代의 李太白은 금도끼 은도끼로 계수나무를 찍어 내어 양친을 모시고 천년 만 년 살고 싶다고 했다. 宋代의 이름난 문장가인 소식(蘇軾)의 적벽부는 달밤의 비경을 용사(用事)하여 천고에 그 이름을 드날렸다. 소식의 글재주가 아무리 달관의 경지였더라도 달이 없었다면 오늘날에 이르도록 적벽부가 어이 빛날까? '동쪽 산위에 솟아 오른 달이 북두성과 견우성 사이를 서성이는 달밤'으로 시작되어 바람을 타고 높이 올라가는 연실을 감은 얼레처럼 슬슬 풀어내어 읽는 사람으로 하여금 달빛 속에 노닐게 하였다. 또 황진이는 반달을 두고 얼레빗이라 했으니 그녀의 서정은 우주의 공간에 떠있는 달을 끌어다 자신의 경대 위에 놓아 둔 얼레빗으로 형상화하였다. 기녀였기에 더욱더 표현이 적절 했던 것 같다. 만약 선비나 사대부 여인이 달을 두고 얼레빗으로 표현하였다면 어떠했을까? 소설가 이효석은 달빛에 어우러진 메밀밭을 표현하기를 '소금을 뿌린 듯이 천지가 하얗다'고 했다. 달빛아래 메밀밭은 환상적인 광경을 펼쳤던 것이다. 달밤이 아니었다면 어찌 동이가 태어났을까? 신비에 쌓여있던 달을 우주 과학은 그 베일을 발가벗겼다. 황량한 사막 달에는 항아님도 없고 토끼와 계수나무도 없었다. 그러나 여전히 문장가들의 작품에서 끊임없이 예찬 받는 자연물로 등장하고 있다.

십 수 년 전 인도양 한 가운데서 어둠속에서 솟아오르는 달을 보았다. 하늘과 바다 사이에 달이 있고 두둥실 떠가는 철선이 있었다. 하늘이 바다가 되고 바다가 하늘이었다. 금빛 물결무늬가 뱃전에서 찰랑거리며 속삭인다. 선수(船首)는 아프리카로 향하고 망망대해 인적은 커녕 육지 냄새조차 맡을 수 없는 밤바다였다.

신선이 된다면 이런 기분일까? 하면서 소식의 『적벽부』는 굼실굼실 펼쳐졌다. "강 위의 맑은 바람과 산간의 밝은 달을 귀로 들으면 소리가 되고 눈에 뜨이면 빛을 이루어서 가려도 금할 길이 없고 써도 또 다함이 없으니 조물주의 다함이 없는 갈무리로 나와 그대가 함께 누릴 바로다."라는 문장을 음미하며 갑판 위 두 쌍의 부부가 눈앞에 펼쳐지는 밤바다의 비경에 황홀하여 물결소리를 반주 삼아 촉촉하게 내리는 이슬을 선약(仙藥)인 듯 몸으로 받으며 이 밤 더디 세어라 더디 세어라…….

제5부

뭉쳐야 산다있다

전국은 지금 축제기간

구례 산수유 축제 기간이라고 홍보를 했다. 구례뿐만 아니고 화개 마을의 매화축제도 있단다. 축제 행사는 보편적으로 그 고장의 특산물을 홍보를 하며 생산품을 판매되므로 남도를 돌아보려고 행사 일정에 맞추어서 길을 나섰다. 자동차는 남해고속도로를 달렸다. 먼저 구례의 산동마을로 가서 산수유 꽃을 보고 화개마을로 가기로 했다. 고속도로에서 지리산 자락을 들어서니 봄이 오고 있는 산자락 양지바른 곳에 이따금 만개한 매화꽃이 눈길을 끌었다. 산동마을의 유래는 산수유를 중국의 산동성에서 가져와서 우리나라에 처음 심었다 하여 중국의 지명을 따 '산동'이라고 했단다. 산동마을은 지리산 온천지구 반대 방향에 있다. 중국에서 가져다 심은 그때의 나무는 유구한 세월 속에 수명을 다하고 사라졌으나 그 열매가 퍼져 산동마을의 특산물로 자리매김을 하고 있다. 산수유가 흐드러지게 피어 마을 전체가 산수유 꽃에 파묻혔다. 살구나무 같은 가지에 좁쌀의 알갱이 같은 노란 꽃이 묶음으로 달려 있다. 꽃향기는 별로 신통하지 않으나 나무와 잎 그리고 열매를 약재로 쓴다는 것을 마을 사람들에게서 들으니 그제야 온 마을에 산수유를 심은 이유를 알 것 같았다. 산수유를 중국에서 가져왔다니 당시에는 목하만큼이나 귀하게 여겼을 것으로 생각되어 집으로 돌아와 산수유에 얽힌 중국의 문화가 어떤 것이 있는지 찾아보기로 했다.

9월 9일 중양절(重陽節)은 양의 숫자 즉 3이 겹친다는 의미로 '중양', '중구'라고도 하는데 1700여 년이나 유래된 중국의 명절이라고 한다. 우리나라에서도 9월 9일을 명절로 여겼는데 요즈음에는 죽은 날을 모르는 亡人의 제사를 지내는 정도로 시장에 가보면 추석만큼은 아니지만 어물전에 제수용 조기가 많이 나와 있고 찾는 사람도 더러 있다.

중국에서는 중양절에 친지와 혹은 친구끼리 빨갛게 익은 산수유열매가지를 꺾어서 머리에 꽂거나 몸에 지니고 높은 산에 오른다고 한다. 산수유를 몸에 지니면 악귀와 역병을 몰아내고 복이 들어온다는 믿음으로 많은 사람들이 행하고 있다는 것을 왕유의 글에서도 알 수가 있었다. 왕유는 唐代(618~907)의 사람으로 그림에도 능했으며 문인으로 다음과 같은 시가 있다.

九月九日 憶山東兄弟

獨在異鄕爲異客(독재이향위이객)
홀로 객으로 타향에 있어,

每逢佳節倍思親(매봉가절사친)
좋은 날 올 때마다 더욱 부모 형제가 생각난다.

遙知兄弟登高處(요지형제등고처)
멀리서도 형제들 높은 곳 오를 줄 알아,

遍揷茱萸少一人(편삽수유소일인)
모두들 산수유를 꽂았으나 나 한사람 빠져있네.

왕유

어느 해에 왕유는 고향에 가지 못하고 객지에서 부모형제를 그리워하며 시 한 수를 지었던 것으로 보여 진다. 중양절에 고향에 가지 못한 왕유는 산수유가지를 꽂고 높은 산에 올랐을 형제들을 그리며 시를 지었던 것에서 중앙절의 풍습이 드러나고 있다. 세월이 많이 변하여 오늘날 중국에서도 사라진 풍습이라 한다.

토산품은 그 지역의 환경요건에 의하여 만들어지기 마련이다. 구례 산수유 축제 · 제주도 유체 꽃 · 감귤 진해 군항제와 벚꽃 ·

밀양 딸기 · 청양고추 · 청도 복숭아 · 금산 인삼 · 함안수박 · 함평나비 · 단양마늘 · 기장멸치… 등 축제 행사가 많다. 축제라는 세련된 말을 쓰지만 우리말로 잔치다. 잔치에 사람들이 모이지 않으면 그야말로 설렁하다. 그 고장의 특산물을 홍보하고 좋은 특산물을 구입하는 소비자 즉 구경꾼도 좋고 지역민의 경제도 좋아진다면 일석이조인 셈이다. 생산자와 소비자가 어우러진 신명나는 잔치다. 우리 속담에 "소문난 잔치 먹을 것이 없다."라는 말이 있다. 좁은 나라 안에서 지역마다 토산품을 내세워 잔치를 하니 잔치의 본뜻이 흐려지고 있단다. 약삭빠른 전문 상인들까지 끼어들어 설친다고 한다. 소비자를 우롱하고 지역 토산품에 피해를 입히는 상술은 근절되어야 멋진 축제가 될 것이라고 본다.

지명 속에는 역사가 있다

밀양시 삼랑진읍 용전리 사기점(沙器店) 마을에서 옛날 것으로 보이는 도자기 파편이 나왔다 한다. 조선시대에 관아에서 관리한 도요지 터로 추정되는 곳이 무단 방치되어 훼손되고 있어 보존대책 마련이 시급하다는 것이다.

귀얄무늬 · 인화무늬 · 덤벙 분청 등 도자기 파편이 그 일대 곳곳에서 무더기로 발견되었으며 청자와 백자 파편도 일부 나왔다고 한다. 도벌꾼들에 의하여 파헤쳐진 것으로 보이는 흔적도 있으며 개인이 전답으로 복숭아와 단감나무 재배를 하고 있는 실정이기 때문에 무방비로 방치되어 자연 소멸되거나 훼손되고 있다는 것이다. 도예가 협회는 고려 시대에서 조선에 이르는 동안 청자와 백자를 굽던 도요지로 추측했다.

어린 시절 '사기점'이라는 그 마을에 가봤다. 사방이 산으로 둘러져 있고 동네 모양은 동북에서 서남으로 길게 형성되어 있었다. 마을 북쪽의 산 준령을 넘으면 단장면과 감물리 북서쪽으로는 용성리와 청룡마을이 있다. 사기점에서 산길을 따라 정상으로 오르면 '만어사'가 있다. 만어사는『삼국유사 권 3』에 실려 있는 '어산불영조'에 너들 바위의 돌을 두드리면 종소리가 들린다 하여 종석으로 유명한 사찰이다.

사기점은 용전리에 속한 마을로 部曲으로 만어사와 인근 마을에 사기그릇을 판매 공급하던 역사가 깊은 마을이었던 것이다. 만어사 가는 길은 부산에서 밀양 가는 국도를 따라 갈 수 있고 그렇지 않으면 신 대구 고속도로를 타다가 삼랑진 나들목으로 나와 내송을 거쳐 율곡을 경유하면 된다. 율곡을 경유할 경우 칠기점이라는 마을이 있다. 과거에는 칠기를 생업으로 삼았던 사람들이 모여 살았다 하여 칠기점이라고 한다는 것이다. 어려서는 '사기점'이니 '칠기점'이라는 마을 이름이 이상하다고 생각하였으나 작은 의구심은 더 이상 자라지 않았고 잊었다. 까맣게 잊었던 의구심이 되살아 난 것은 신문기사를 보면서 지명에는 역사가 깃들었다는 것을 새삼 알게 되면서 부터이다.

'삼랑진'은 낙동강과 밀양강이 만나면서 세 물결을 이룬다 하여 삼랑진이라는 이름이 지어졌고 세 물결이 만나는 강가에 소나무가 많아서 외송과 내송이 있다. 읍내에서 신촌을 지나면 찬세미라는 마을이 있다. 매봉산 지표 아래로 흘러내린 물줄기는 여름이면 더욱 시원하여 찬세미라고 부르게 된 것이란다. 그 마을을 지나면 일명 '새터' 또는 大新洞라는 마을이다. 일제 강점기 경부선 철길을 놓을 때 산 너머 마을에 있던 주민들을 현재의 마을로 이주시키면서 새터 혹은 대신동이라고 칭하게 된 것이다. 윗마을은 원래 무흘이라고 했는데 중세 이래로 부산에서 서울로 가는 길목으로 교통의 요충지였단다. 무흘 역으로 인하여 부근의 농토는 무흘역의 역관전(驛館田)이 많았으며 앞들은 말들의 방목장으로 '마구들'로 불리기도 한 것이다. 무흘마을 부근은 역관과 파발마에 관련된 일을 업으로 생활하였다는 이야기를 어린 시절에 어른들에게 들었지만 지금은 지형이 바뀌어서 상전벽해가 되었다. 조금 더 안으로 들어가면 대미라는 마을이 있다. 원래 이 일대의 농토는 비전박토(非田薄土)로 농사짓기가 어려워 그로 인하여 생활이 곤란하였던 것이다. 비전을 아름다운 밭으로 가꾸자는 뜻에서 미전이 되었다는 것처럼 지명에는 역사와 전설이 깃들었는데 근래에는 재산 가치를 높이기 위하여 기존의 부르기 좋고 외우기 쉬운 우리말 이름의 아파트를 버리고 새로운 이름을 짓는 아파트가 많다. 아파트 새 이름 짓기가 유행병처럼 퍼지더니 급기야 이런 말이 생겨났다. 시부모들 아파트 이름 외우기 어려워서 찾아오지 말라고 바꾼다는 낭설. 믿어야 할지 믿지 말아야 할지. 오래

된 동네 이름도 바꾸어야 한다고 거들먹거린단다. 이유는 일제 때 개명된 지명이라나. 『삼국사기』 신라 잡기 3地理-에 '密城部本推火部 景德王 改名', 그러니까 밀양은 본래 추화부인 것을 경덕왕 때 밀성으로 개명하고 지금은 밀양으로 부르게 된 것이다. 지명이 개명되는 일은 주로 전쟁에서 승리를 하거나 승격될 때 改名한다는 것을 문헌을 통하여 알 수 가 있다.

일제 강점기에 이토 히로부미가 순종을 모시고 부산을 다녀오는 길에 지금의 대전역에서 열차가 장시간 정차 하게 되었는데 이 때 이토 히로부미가 플랫 홈의 팻말에 太田이라고 쓴 것을 보고는 클 태자의 점을 없애고 대전으로 고치도록 순종에게 건의한 것이 지금의 대전으로 칭하게 된 것이라 한다. 왕이었으나 주권이 없었으니 이토 히로부미 제의를 받아들인 수치스러운 역사다. 과거에 우리 마을 사람들은 대전이 고향인 아주머니를 태전댁 이라고 불렀다.

지명을 바꾸어 수치스러운 역사를 되돌릴 수 있다면 기꺼이 고쳐야 한다. 개명을 한다고 치욕스런 역사는 바뀌지 않는다. 지명이 뭐 그리 소중하냐고 반문하는 사람도 있겠지만 과거의 우리 선조들은 외국에 비하여 기록하는 것에 익숙하지 않아서 역사적인 자료가 빈약하다. 물론 수없는 외세의 침략으로 불타고 잃어버린 탓도 있겠으나 일본이나 중국에 비하면 기록한 자료가 미흡

한 것은 사실이다. 역사의 근거가 부족하다보니 남아 있는 자료를 가지고 풍습이나 문화재의 형태를 살펴서 거슬러 유추할 때 지명은 역사를 밝히는 근거가 될 수도 있으리라는 개인적인 생각이다. '부곡'의 지명을 가진 곳은 신라 때부터 조선 초기까지 천민이나 죄인을 집단으로 수용하여 농기구, 병기, 유기 따위를 생산하던 특수 행정 구역이었다 한다. 이런 지명을 가진 마을 사람들은 졸필을 보고 분개 할지도 모르겠으나 오늘 날에야 지명으로 폄하하거나 존경의 대상으로 생각지 않으니 개의치 않을 일이다.

문화유산은 형상으로 볼 수 있는 것만 있는 것이 아니다. 드러나는 것이 형상문화유산이라고 한다면 지명은 글자와 말로 남겨진 문자유산이다. 민족의 숨결이 녹아 있는 지명을 고치는 것만 능사가 아니라고 본다. 우리 선조들의 얼이 담겨 있는 지명에 역사가 있다는 사실을 안다면 함부로 고치는 일이 없을 것이다.

어떤 만남

한 생명으로 잉태되면 엄마와 만나 탯줄하나 달랑 달고 세상에 태어나서 핏줄과의 첫 대면을 한다. 물론 그때는 자각을 하지 못하지만 만남이 이루어진 것이다.

유년기 유치원에 입학을 하면 선생님을 만나고 또래 친구들을 만난다. 그렇게 시작된 만남은 성장 할수록 인맥을 형성하는 거름이 되는 것이다. 어려서는 사고의 폭이 좁고 보잘 것 없겠으나 간 세월을 돌이킬 수 없듯 각자의 삶의 몫인 셈이다. 학창시절을 끝내고 사회인이 된다는 것은 성장과정을 거치는 통과의례다. 사회진출은 학교와는 또 다른 삶의 형성으로 자신의 행동에 도의적인 책임과 법적 책임이 따르는 것이다. 선배를 만나고 동료를 만나게 된다.

사람을 만나 그 예후나 감정이 좋으면 흔히 '인연'이었다는 말을 한다. 어떤 만남은 성공의 지름길이 될 수도 있고 그와 반대로 퇴보 할 수도 있다. 하루를 시작함에 있어 아침을 맞이할 준비를 일찍 한다면 시간을 유용하게 보낼 수 있지만 잠에 짓눌려 늦게 일어나는 날은 그만큼 허둥거려야 한다. 사람에게 만남으로 인하여 시작된 삶을 우리는 운명이었다는 말을 하기도 한다.

내가 다닌 초등학교는 일제 강점기 때 지어진 학교라서 교장선생님의 사택도 일본식 건물이었다. 조그마한 텃밭이 사택 앞뒤로 있었고 운동장에는 어른 서너 아름씩이나 되는 느티나무와 소나무가 많이 있어 여름에는 시원한 그늘을 만들어 주었다.

학교 터 밭에 봄이면 상추와 오이가 자랐다. 배나무도 두어 그루 서 있었는데 익기도 전에 남학생들이 몰래 풋배를 따 먹었다. 사택 뒤 지붕을 달아 낸 부엌에 무쇠 가마솥에는 옥수수 죽을 끓였는데 점심시간이 되면 각 반의 급식 당번은 양철 바커스를 들고 가서 죽을 배급 받아서 교실로 가지고 왔다. 요즈음 TV에서 간혹 빈곤한 나라의 아이들이 기근으로 멀건 옥수수 죽을 손으로 먹고 있는 모습을 보면 지난 날 우리들의 자화상을 보는 듯 하다. 그때도 흰 쌀밥을 먹는 집이 있었지만 대부분 사람들은 생활고로 허덕이며 입성이 부실하여 추운 겨울에는 양지바른 담벼락에 기대어 해바라기를 하고 있었다. 그런 시대에 희망의 끈을 놓지 않으셨던 부모님들께서는 죽기 살기로 당신들의 허리띠는 졸라매고 포기하지 않고 자식을 공부시켰던 것이다. 전쟁으로 폐허가 된 곳에서도 아이들의 소리가 들렸다. 그 소리는 소음이아니라 꿈이요 희망의 싹이었다.

고무신은 발이 아리도록 시렸다. 신발을 벗고 교실에 들어가면 차가운 한기가 뼈 속 까지 파고들 즈음 재치 있으신 선생님은 수업을 잠깐 멈추시고는 우리들에게 맨손 체조를 시켰다. 손을 비비고 박수도 치고 그것이 추위를 이길 수 있는 방법이었다.

교장 선생님 사택에는 방학이 되면 대학생 언니가 있었다. 크레파스와 도화지를 준비 못해 교실 뒤에서 벌을 받았던 일도 옥수수 죽 통을 나르던 당번도 즐거운 학교생활이었다. 학교를 떠나야 한다는 것이 슬퍼서 고개를 숙였던 졸업식장 교장 선생님께서 떠나는 졸업생들에게 당부의 말씀을 하셨다.

"상급 학교에 진학하는 학생들은 공부를 더욱 열심히 하여 모교의 이름을 빛내고 가정형편으로 중학교에 진학하지 못하더라도 부모님을 도우며 성실한 나라의 일원이 되라"고 하셨다. 공부는 어른이 되어 스스로도 할 수 있는 길이 있다는 교장 선생님의 말씀을 들으며 각오를 했었다. 가슴 깊이 성공하겠다는 다짐은 대학을 졸업하겠다는 각오였다.

순조롭게 대학에 진학했더라면 72학번이었을 테지만, 배움의 여정을 돌아오느라 02학번이 되었다. 발랄한 스무 살도 아니고 불혹도 훨씬 지나서 지천명에 다다른 만학이었다. 어린 시절에 별 바라기 하면서 꿈꾸던 동경의 세계를 지천명에 도달하였으니 책에 파묻혀 세월 가는 줄 모르고 생활을 하다 보니 삼년 째의 봄 학기의 어느 날 교수님으로부터 우연히 듣게 된 나의 모교 이름 책갈피를 넘기듯 휙휙 과거로 가는 기억의 블랙홀로 빨려들었다. 그토록 원하던 학문을 배우는 것 자체만으로도 행복하고 감사해서 가뭄에 비를 만난 물고기처럼 즐거운 대학교에서 초등학교 시절 교장선생님 사택에 있던 대학생 언니를 만났다. 교수님은 초등학교를 졸업 할 때 내가 꼭 공부를 하겠다는 각오를 새롭게 다져주신 교장선생님의 셋째 따님이셨다. 더구나 내가 그토록 갈망하던 문학박사시며 평론가로 20세기 작고 문인을 포함한 백 명의 문학인에 뽑힌 교수이시다. 각각 다른 길을 따라서 흐르던 강물이 바다에서 다시 만나듯 만나게 되었다. 사람은 어디에서 어떤 사람을 만나는가에 따라서 삶의 질이 달라지는 것이다. 물론 어떤 그릇이 되느냐는 자신의 노력 하에 달렸겠지만 사람살이에서 사람과의 만남이란 생활이 되기도 한다. 큰 나무아래 나무는 자랄 수 없지만 큰 사람 아래 사람은 크게 될 수 있다.

상처가 아물지 않은 곳

비스듬한 길을 따라 자연석으로 축대를 쌓은 돌 틈 사이에 서너 그루의 철쭉나무가 있을 뿐 황량한 시멘트 길이다. 백 미터쯤 올라가면 6층으로 된 흰색 건물이 나오는 보훈병원 출입구에는 환자복을 입은 남자들이 휠체어에 앉거나 벤치에서 볕 바라기를 하고 있다. 그 옆으로 서넛이 잡담을 하면서 담배를 피우고 있었다.

병원 1층 안 로비는 언제나 남자 환자들로 만원인데 대부분 연세 드신 남자 분들이 많았다. 내과와 안과 접수창구는 '오늘진료 끝'이라는 팻말이 놓여 있었다. 꾸불꾸불 늘어선 사람들이 불만을 털어 놓았다. 어떤 분이 화난 목소리로 새벽에 나와 헛걸음이라며 "이 놈의 병원에서 진료를 받으려면 도대체 몇 시에 나와야 하지?" 하시며 창구로 향하여 소리치자 곁에 있던 분이 안과 진료를 받으려면 밤 1시에 와서 대기 하고 있어야 된다고 맞장구를 쳤다. 자신은 1시에 왔는데도 신분증이 쌓여 있더란다. 그들의 이야기를 종합해보니 안과 진료를 받으려면 자정쯤 병원에 와서 대기하고 있어야 한다는 말이다.

어느 날 저녁을 먹고 11시 쯤 병원에 가보았다. 자정 무렵이 되자 하나 둘 사람들이 병원 안으로 들어 왔다. 주로 연세가 있으신 남자 분들로 그들은 호주머니에서 무엇을 꺼내어서 접수대에 놓기에 슬며시 다가가보니 신분증이었다. 뒤에 오신 분이 신분증을 꺼내더니 가운데에 슬쩍 끼워 넣자 벤치에 앉자있던 사람들이 이구동성으로 멘 아래에 놓으라고 한마디씩 하셨다. 그렇게 순번을 정한 세월이 오랜 된 듯 익숙한 행동들이셨다. 얼마의 시간이 흐른 뒤 어떤 분이 손에 무엇을 한 움큼 가지고 와서 카드 수만큼 세어서 놓았다. 숫자가 새겨진 번호표였다. 그 분은 병원직원이 아니라 경비였다. 진료 받을 사람들의 편의를 생각해서 그렇게 하신다고 했다. 아하! 그제야 알게 되었다. 안과 진료를 받기 위해 자정도 되기 전부터 이렇게 대기 순번 번호 줄을 서 있었으니 여간 새벽에 와도 그날 진료 받기가 어려웠던 것을.

병원 각층의 입원실은 환자들로 만원이었다. 대부분 연세 드신 남성 환자들이라는 것이 여느 병원과 다른 점이었다. 휴게실에도 복도에도 온통 연로 하신 남자 환자들로 북적거렸다. 환자가 연로하시니 따라서 보호자들도 자연히 연세 드신 분들이 많았다.

어떤 환자는 한쪽 뇌가 완전히 함몰되어 있었다. 자신이 죽어 있는지 살아 있는지도 모른 체 여러 가닥의 줄에 의존하고서 거렁거렁한 숨소리만 새어나왔다. 중환자들은 세월이 오는지 가는지도 모르고 기계에 의존하여 숨만 쉬고 있을 뿐이었다.

휴게실에 나와 있는 환자들도 겉보기에는 경증 같았으나 여러 가지 합병증을 가지고 있었다. 환자 복위에 두터운 외투를 걸치고 이야기에 열을 올리는가 하면 담배를 거듭 피우고 있어 담배 연기가 비위에 거슬렸으나 자판기에서 커피를 뽑아 마시는 척하며 그들의 이야기를 들어보니 전쟁무용담이었다. 발화자(發話者)의 말에 간간이 동조를 하면서 한쪽 다리가 없는 사람은 목발을 의자 곁에 세워두었다가 금방이라도 뛰어 갈 기세다. 그때의 상황이 되살아나는지 얼굴이 붉어졌다. 곁에 있던 다른 사람이 "우리는 이렇게 몸이 망가지도록 나라를 위해 싸웠는데 전쟁을 겪어보지 않은 놈들이 전쟁의 무서움도 모르고 까불고 있다."며 하늘을 올려다봤다. 수족을 잃고 초로가 된 용사는 보훈병원 휴게실에서 지금도 우리는 휴전 중이라며 자유가 얼마나 소중한지를 열변을 토하고 있었다. 그들은 6.25참전 상이용사들이었다. 이제 그들에게 전쟁은 과거가 되었으나 육체의 고통은 지속되고 있었다. 이빨 빠진 노병들은 병원신세를 져야 하는 환자가 되어 계급은 내려놓고 상사와 얼굴을 맞대고 총알이 날아다니던 사선에서 죽지는 않았으나 그 후유증을 호소하고 있었다. 그들도 알고 있다. 그들의 고통은 죽어야 끝이 난다는 것을. 6.25 참전 환자의 숫자가 줄어들고 우리나라의 경제의 원동력이 되어준 파월장병들이 그 다음을 잇고 있었다. 그들이 흘린 피와 땀으로 경부고속도로를 닦았다. 우리나라 군인들이 돈을 받고 싸우러 나갔다. 가난했기에 한 몸 죽어서 가족이 잘 살 수 있다면 죽음도 불사했던 그들은 고엽제 후유증으로 고생을 하고 있었다. 눈부신 경제 성장 뒤에는 아직 전쟁의 상처가 아물지 않은 사람들이 우중충한 병실 안에서 병마와 전쟁을 하고 있다. 입원은 하지 않았으나 수많은 사람들이 고통속에서 하루하루 살아가고 있다고 들었다.

양지가 있으면 음지도 있다. 눈부신 국가발전 뒤에는 국가를 위해 목숨을 아끼지 않았던 그분들이 있었다. 조국을 위해 초개같이 싸움터로 달려갔던 젊은이들이 노인환자가 되어 초점 잃은 눈동자로 전우가 죽어 간다며 수류탄을 던진다는 것이 침대 위에서 베개를 던지고 있었다. 수류탄을 대신하는 베개가 아니라 편안한 잠을 재우는 베개가 되기를 바라는 마음이다.

일곱 살짜리의 비리

친구랑 둘이서 섬으로 여행을 떠나기로 했다. 여행사를 통하지 않고 흑산도와 홍도를 돌아 볼 계획을 세웠다. 성수기라서 미리 숙소를 예약하지 않으면 낭패를 볼 것이라는 주변의 엄포에 아픈 친구를 고생시킬까봐 목포에 주재 하고 있는 여행사에 접수를 했다. 외국도 아닌 우리나라를 여행하는데 여행사를 통해서 구경한다는 것은……

6월 7일 아침 6시에 30분에 부산을 출발 목포까지 승용차로 갔다. 여객선 터미널 주차장이 만원이라서 입고하지 못하고 주변도로를 몇 번 돌다가 여객터미널 옆 무료 공영주차장이 눈에 들어 왔다.

차를 주차 하고 신청한 여행사에 연락을 하니 직원이 터미널 2층에서 대기 중 이라고 했다. 이층으로 올라가 여행사 직원에게서 승선권을 받아서 배 시간을 기다리는데 친구가 화장실에 가자고 했다. 여객터미널 화장실의 쾌적한 분위기에 기분이 좋았다. 우리나라의 화장실 문화는 세계어디에 내놓아도 뒤지지 않을 환경이다. 단 한 가지 개선할 것은 사용자의 에티켓에 해당하는 부분이다.

배 멀미가 얼마나 지독가를 경험한 나는 친구가 멀미를 하면 어쩌나 하는 걱정이 들어 터미널 매점에 들렀다. 간단하게 붙이는 멀미약을 달라고 하니 귀밑에 붙이는 것은 승선하기 2시간 전부터 붙여야 효과를 보는 것이라고 하면서 먹는 알약을 권했다.

흑산도까지는 1시간 50분이 소용된다고 했다. 다른 선박이 지나가자 물너울이 밀려와 우리가 탄 배의 船首가 바이킹처럼 흔들려 짜릿한 쾌감에 멀미는 고사하고 신이 났다. 흑산도 선착장에 내리자 그 쪽의 가이드가 기다리고 있었다. 호텔에서 짐을 풀고 3시 30분에 관광버스로 흑산도 투어를 시작했다. 흑산도는 후박나무와, 동백 ,소나무가 군락을 이루어 멀리서 보면 검게 보인다고 하여 흑산도라고 한단다. 7월 중순쯤이면 원추리 꽃이 절정을 이룬다는 기사의 말에 원추리 꽃이 만발한 흑산도를 상상해 봤다.

흑산도 호텔에서 저녁 식사를 하고 친구랑 둘이서 바닷가를 거니는데 아낙네들이 바닷가에서 무엇을 잡고 있어 다가가 봤더니 바지락을 캐고 있었다. 그때 한 여인이 다가와서 우리에게 좋은 곳을 구경 시켜 주겠다는 제의를 하기에 의심하는 마음이 들었지만 설마 나이든 여인들을 납치해서 어디에다 쓰려고 싶어 그 사람을 따라 가기로 했다. 흔히 낯선 곳에서의 친절이 경계가 된 탓이겠지만 그녀는 흑산도에서 살게 된지 4여년이 되었다면서 이곳으로 여행 오시는 분들이 흑산도의 좋은 풍경과 많은 것을 보고 갔으면 하고 종종 안내를 하는데 아무나 해주는 것은 아니라고 했다. 어쩐지 우리에게 가이드를 자청하고 싶은 마음이 생기더라나. 우리는 고마워하면서 해안을 걸었다. 그녀는 산모퉁이 돌아 자신이 쳐 놓은 통발이 있는 곳과 백사장에서 바지락을 캐어서 보여주기도 했다. 천천히 어둠이 내리는 해안 길을 돌아서 마지막에는 국립철새연구소를 안내해주었다. 그곳은 흑산도 여행의 백미가 되었다. 그곳에서 좋은 여행 정보를 알게 되었다. 호텔보다 좋은 시설임에도 1박2일의 대여료가 2만 4천원.

홍도를 구경하고 돌아오면서 진영휴게소에 들렀다. 친구가 호두과자 두 봉지를 사더니 손자 주라고 했다. 다음날 아침 손자가 왔기에 할머니 친구가 호두과자를 사주시더라고 하자 녀석이 한 봉지에 몇 개씩 들었는지 꺼내어서 세어보면서 서른 두 개가 필요하다며 한 봉지에 세어 담더니 유치원에 가서 친구들과 나누어 먹는다고 했다. 덧붙여 하는 말이 가지고 간 사람이 나누어 준다는 것이다. 아마 다른 친구도 먹을 것을 가지고 와서 나누어 주던 것이 부러웠던 모양이다. 여성문화회관에서 수업을 마치고 돌아오는 길에 유치원에 손자를 데리러 갔다. 차에 오르면서 녀석이 오늘 선생님에게 꾸중을 들었다는 말을 했다. 꾸중 들은 이유가 무엇이냐고 묻자 친한 친구에게 호두과자를 한 개 더 준 것 때문이라는 대답이었다. 친하다고 하나 더 주고나면 못 먹는 친구가 생기는데 어떻게 했느냐는 물음에

"마침 먹지 않겠다는 친구가 있어서 모자라지 않더라."고 했다. 친하다고 하나 더 주면 그 친구는 두 개를 먹어서 좋겠지만 먹지 못하는 친구는 속이 상할 것이라며 다음부터는 공평하게 나누어야 한다며 타일렀다. 일곱 살짜리 꼬마도 친한 친구에게 과자 하나 더 주고 싶은데 권력을 갖거나 힘을 갖는다면 어찌 가까운 사람을 챙기지 않으랴. 연일 보도되는 비리를 우리 모두 동조하고 있었는지 웬만한 비리나 사건에 충격도 받지 않는 무신경. 다시 한 번 생각해 볼 일이다.

바다가 나의 삶과 문학에 끼친 영향

푸른바다를 동경하던 나는 곧잘 상상의 바다로 달음질하곤 했다. 달의 인력으로 썰물과 밀물이 되듯이 바다는 알 수 없는 신비함으로 내 마음을 끌어당겼다. 바다가 좋았다. 비릿한 갯냄새는 박하 향기처럼 마음을 평화롭게 했다. 열아홉 살 그해 여름에 처음으로 해운대 동백섬에 갔었다. 울창한 동백림이 아니라서 인어동상 앞에서 내가 꿈꾸던 동백섬의 환상이 산산이 부서져 실망하고 돌아서는 발아래 푸른 물결이 밀려와 바위에 부딪히고 자멸하였다가 또 달려왔다. 그 모습은 항우가 유방과의 결전에서 패하는 것 같기도 하였다. 천만 번의 실패에도 굴하지 않고 도전하는 우직스런 파도의 권토중래(捲土重來), 지칠 줄 모르는 그 힘이 나를 사로잡았다.

바다는 푸른 몸을 일으켜 너울너울 달려왔다가 하얗게 쓰러지

길 억겁의 세월을 이어왔을 터인데 점점이 흩어졌던 물방울들은 다시 한 몸으로 뭉쳐 바위를 향하여 달려든다. 바람 없는 날은 면경 같은 순진무구한 얼굴로 온갖 것을 품어 들이는 넉넉함도 있다. 바다를 떠올리면 늘 알 수 없는 그리움이 나를 흔든다.

태어나서 부모님의 슬하를 인생의 전반전이라고 한다면 결혼은 인생의 후반기에 속한다고 할 수 있는데 인생의 후반전은 항구도시 부산에서 시작했다. 동경하던 바다가 있는 해양도시에서 먼 나라의 바다 날씨까지 염려해야 하는 아낙의 생활을 이어가게 된 것이다.

남편이 승선한 선박에 동승을 하여 대만과 홍콩 · 아프리카를 가보았는데 승선할 때마다 공해상에서 느낀 점은 인간이 스쳐간 자리는 오염 된다는 것이다. 바다라고 하여 다르지 않았다. 홍수 때 강물 따라서 바다로 흘러든 것도 있겠지만 어선에서 고의로 버린 어구들도 어지럽게 널브러져 있었다. 공해상은 청정바다겠지 하는 기대를 여지없이 무너지게 한 각종생활 쓰레기들이 물결 따라서 표류하고 있었다. 公海는 마치 국제 쓰레기하치장이라고 할 정도로 쓰레기가 많았다. 여러 나라의 문자로 쓰인 쓰레기들 그 속에 한글로 ○○라면 봉지도 고기처럼 물에서 헤엄치고 있었다. 눈에 보이는 것이 이 정도면 바다 속은 어떨까? 빙산의 일각이겠지? 마음이 씁쓸하여 「공해상과 쓰레기」라는 수필 제목을 붙이고 글을 쓰기로 작정했다.

바다를 제재로 한 문학작품은 여러 장르에서 걸작들이 많이 배출되었고 앞으로도 나올 것이다. 바다가 문학에 끼친 영향은 지대하다. 김기림의 장시 「기상도」는 '비늘 돛인 해협은 배암의 잔등처럼 살아났고'라는 첫 연은 꿈틀거리는 생동감을 안겨준다. 어디 현대인들뿐이랴 옛 선비들도 바다를 素材로 하여 주옥같은 작품을 남겼다. 『표해록』의 저자 최부(1454~1504)는 조선 전기의 문신으로 김종직의 문하에서 수학, 『東國輿地勝覽』 편찬에도 관여하였다. 그는 공무로 제주도에 갔다가 부친상을 당하여 귀가하는 도중에 풍랑을 만나 표류하다가 중국에 닿았는데, 온갖 고초를 당하고 귀국하자 성종이 이를 알고 그 경험을 쓰도록 命하여 1488년(성종19)에 『표해록』이 편찬 되었다고 한다.

최부와 비슷한 연배인 조신은(1454-1528)은 조위(1471-1503)의 弟庶로 역관노릇을 했는데 경험을 근거로 하여 『謏聞瑣錄』이라는 잡록을 지었다. 신숙주를 따라서 일본에 갔던 일과 최부의 『표해록』까지 언급하였다고 한다.

바다에서 풍랑을 만나 외국에 닿았다가 구사일생으로 귀국하는 경험의 논픽션이 출현하자 이와 유사한 내용의 픽션이 창작되었다. 조위한(1567-1649)의 『최척전』은 『기우록』이라고도 하는데 논픽션보다 한층 더 극치미를 가미하여 흥미진지하다.

임진왜란 때 남원에 사는 최척은 옥영과 약혼을 하고 의병으로 징집되어 헤어지게 된다. 최척이 떠난 후 돈 많은 사람이 옥영의 인물을 탐내어 매수하려 하지만 뜻을 이루지 못하고 정유재란이 일어나 옥영은 남장을 하고 피난, 왜인들의 포로가 되어 일본으로 잡혀갔다. 옥영을 잡아간 왜인이 장사를 하게 되면서 옥영은 배를 타게 된다. 한편 최척은 가족이 모두 죽었을 것이라고 절망하고 중국군대를 따라 그가 평소에 동경하던 중국으로 떠났다. 중국에서 안남으로 장사하러 갔다가 통소를 잘 불던 최척이 통소를 불었고 그 소리를 듣게 된 옥영은 남편을 만난다. 부부가 중국으로 돌아가 작은 아들을 낳았다. 청군이 침입하자 명군에 종군하게 된 최척, 명군이 밀리자 조선에서 군대를 보냈는데 최척의 큰 아들 몽석이 조선군에 있었다. 수용소에서 극적으로 부자가 상봉하여 최척은 귀국하게 된다. 옥영 또한 작은 아들부부와 함께 배를 사서 중국을 탈출, 바다에서 일본 배를 만나면 일본사람 행세를 하고 중국 배를 만나면 중국옷을 갈아입는 등 위기를 넘기다가 해적을 만나 배까지 빼앗기고 무인도에 버려졌다가 지나가는 조선 배에 구조 된다. 온 가족이 살아서 고국에서 다시 만나는 해피엔딩으로 『최척전』과 유사한 픽션인 『홍낭전』·『남윤전』 등이 있다. 당시에 민간인 자격으로는 해외에 마음대로 드나들지 못하던 상황을 고려하면 해외체험을 다룬 픽션은 실로 대단하다고 할 수 있다.

바다는 인류에게 고난을 주는 동시에 삶을 풍요롭게도 하기도 한다. 생활 오수와 쓰레기를 줄여서 해산물이 풍부한 청정한 바다를 후대인들도 그 풍요로움을 누렸으면 한다.

뭉쳐야 산다

부산여성문학인협회에서 1박2일 여정으로 봄 문학기행을 갔다. 첫날은 충청도 홍성에 있는 만해기념관과 생가지를 보고 덕산호텔에서 숙박을 하기로 되어 있고 다음 날에는 경기도 파주에 있는 황희정승 영당과 반구정을 돌아서 홍랑의 묘소와 파주 출판단지를 둘러보기로 하였다.

문학기행단은 예술회관 앞에서 오붓하게 한대의 관광버스를 타고 오전 여덟시에 출발하여 버스 안은 화기애애한 분위기로 목적지로 향했다.

남부지방은 아카시아 꽃이 지고 녹음이 짙어 가는데 비하여 충청도 지방은 아카시아와 이팝나무 꽃이 한창 소담스럽게 피어있어 남부지방과 중부지방의 기온차이가 있음을 말해주는 듯했다.

예산의 광시면 길 식당에서 한우고기에 정영자 교수님 밭에서 기른 상추와 고추를 곁들여 거하게 점심을 먹었다. 기사께서 가져 온 복분자 술로 회원들의 앞날을 기원하는 건배를 하고 1시 45분에 만해 한용운 생가로 출발하였다. 만해 기념관 주차장에 우리 일행이 버스에서 내리자 생가 주변에 철쭉꽃이 화사한 얼굴로 우리를 맞이하였고 먼 산에서 산비둘기의 울음소리가 들렸다. 산비둘기 우는 소리는 언제 들어도 '구 · 구 · 구' 하는 것 같은데 옛날 우리 고향마을에서는 산비둘기는 "기집(계집)죽고! 자식죽고! 내 호무차(나 혼자)! 우째 살꼬!" 하며 운다고 했다. 그런 이야기를 들어서인지 산비둘기 소리는 언제나 슬프게 들렸다. 생가 앞에서 기념촬영을 하려고 모이는데 이번에는 뻐꾹새소리가 들렸다.

올 봄에는 뻐꾹새가 언제 울 것인지 이제나 저제나 기다리던 차에 뻐꾹새 우는 소리를 들으니 반갑기도 하고 하필이면 문학기행 중에 듣게 되어 마음이 바빴다. 사진을 찍는데 마음은 참깨를 파종할 밭도 다듬어야 하고 참깨재배용 비닐피복의 길이는 얼마짜리를 할 것인가 하는 생각 등으로 괜히 몸이 달았다. 몸은 충청도에 있는데 마음은 고향 밭에 가 있었다.

인터넷 정보에 의하면 참깨의 발아적온은 23℃일 때가 가장 적온이라 했으니 남부지방은 5월 하순부터 6월 상순 이전이 최적기가 된다. 5월 상순에서 중순은 일교차가 나서 입고병의 피해를 입을 수 있으므로 주의를 요하고 파종시기가 늦어질 경우 발아는 잘

되지만 생장기간이 짧아져서 수확량이 감소한다고 되어 있었다.

5월 30일 종묘상회에 가서 파종에 필요한 장비를 구입했다. 참깨는 비닐피복 재배가 필수적인데 투명한 비닐과 흑색 두 가지, 폭 90cm 두께는 0,01~0,015mm 참깨의 그루와 그루사이를 10cm 간격이 되도록 직경 2cm가 되는 구멍을 뚫어 놓았다. 길이는 사백 미터와 천 미터짜리 두 가지가 있다고 했다. 흑색피복 비닐은 잡초가 자라지 못하는 장점도 있어 흑색비닐을 선택했다. 반듯하게 고른 이랑에 흑색비닐을 깔고 바람에 날지 못하도록 흙으로 고정했다. 한 구멍에 너 댓개의 씨앗을 넣고 흙을 덮고 4~6일 정도 지나면 발아한다는 것이다. 씨앗이 발아 한 후 7일정도 지나서 튼실한 것 한두 개만 남기고 쏙아 주어야 하는데 쏙아 주는 것이 고난도 작업이라고 했다. 육십 여 평에 참깨를 심고 쏙아 내는 작업을 감안하여 씨앗을 넣을 때 두세 개만 심는다면 일손을 덜 것이라는 생각이 들었다. 효율적인 내 기발한 아이디어에 혼자서 박수를 치며 두 셋을 넣고 씨앗의 1.5배가량의 흙을 덮었다. 하다 보니 흙이 두껍게도 얕게도 덮이기도 하였다. 씨앗을 심은 뒤 사흘 만에 단비가 촉촉이 내렸다. 비를 맞고 싹이 잘 나왔을 것이라는 기대를 가지고 밭에 갔더니 심은 면적의 절반은 싹이 나왔고 절반은 싹이 트지 않아서 빈 곳을 파보았더니 노랗게 발아 하였으나 흙을 뚫고 나오지를 못했다. 어떤 곳은 아예 씨앗이 보이지 않았다.

씨앗을 예닐곱 개가량 심은 곳은 흙이 두꺼워도 싹이 잘 나왔고 두개 정도 심은 곳은 흙을 뚫고 나오지 못한 것이다. 발아된 줄기는 바늘 보다 가냘프고 참깨만한 떡잎 두 장이 힘을 모아서 흙덩이를 치켜들고 태양 빛을 받고 광합성 운동을 하고 있어 파란 녹색이 경이로웠다.

뭉치면 살고 흩어지면 죽는다더니 눈곱만 한 참깨씨앗이 뭉치니 엄청난 괴력을 발휘한 것이다. 솎아내는 번거로움이 있더라도 예닐곱 개 씩 놓고 흙을 덮어 주는 작업을 한나절동안 다시 하였다.

일주일이 지나자 이번에는 모두 싹이 나왔다. 오전에 둘러 볼 때와 오후에 볼 때 다르다고 할 정도로 참깨의 생육이 빨랐다. 최종적으로 1개씩만 세워 놓고 모두 솎아 주었다. 비닐이 있어 이랑에는 잡초가 자라지 못했으나 놀 골과 씨앗을 심으려고 뚫은 구멍으로 풀이 돋아났다. 김매기로 밭을 정리하고 난 후 때맞춰서 비가 내려 밭에 가봤다.

하루가 다르게 자라는 참깨가 신기하고 대견스러운데 곤충들이 참깨대궁에 붙어 있었다. 지금까지 본적이 없는 곤충들이었다. 노린재처럼 생겼는데 등에 빨갛고 흰 반점이 있었다. 손으로 잡으려고 하자 날아가서 다른 곳에 앉았다. 갈색에 검은 반점이 있는 놈들도 많이 있었다. 참깨대궁의 진액을 빨아 먹는지 곤충들이 붙어있는 대궁이 시들시들 하였다. 농약 방에 가서 이야기를 하였더니 이번에 내린 비를 따라서 왔다며 온 들녘에 곤충들의 피해가 많다고 했다. 그 가운데 중국 꽃 매미라는 것도 있었다. 글로벌 시대가 되더니 곤충들도 글로벌시대가 된 것 같았다. 농약상회의 주인이 설명한대로 살충제를 뿌리자 곤충들은 주변의 나무와 풀 속으로 날아갔다. 약을 뿌려도 소용이 없었다.

들깨는 냄새가 강해서 좀처럼 벌레가 잎을 먹지 않는 식물인데 모종을 한 뒤에 살펴보니 줄기만 남기고 잎을 죄다 갈아먹었다. 포기마다 흰 솜이 붙어 있어 떼려고 하자 폴짝 폴짝 뛰었는데 큰 놈들은 날아서 다른 포기로 이동을 하였다. 생김새가 여치를 닮은 흰 곤충이었다. 지금까지 보지 못한 곤충들이 출현 하고 있다. 그것들이 어디서 어떻게 발생이 되었는지 모르겠으나 미래에는 곤충시대가 될 것이라던 어느 곤충학자의 말이 생각났다.

내가 곤충들과 씨름을 하고 있을 무렵 김해에 살고 있는 친구에게서 전화가 왔다. 목소리에 힘이 없어 어디 아프냐고 물었더니 벌떼의 습격을 받고 입원까지 했다며 죽을 뻔 했단다.

7월이 되자 내 키보다 높은 대궁의 층층마다 깨꽃이 피었다. 참깨 밭에는 벌 나비 떼가 분주하게 날아 다녔다. 병충해를 견디고 핀 깨꽃이 탐스럽다. 먼저 꽃이 핀 하부에는 꼬투리를 맺었다. 하루가 다르게 꽃이 지고 꼬투리를 맺는다. 이런 추세라면 올 가을 초보농사꾼 깨가 쏟아지겠다.

| 해설 |

가족사의 스토리텔링과 스스로 불타서 만든 텃밭

정 영 자

문학평론가, 사단법인 부산여성문학인협회 이사장, 부산광역시문화예술위원회 부위원장

이어령 교수는 '21세기는 수필의 시대'라고 말한 바 있다. 수필은 다른 장르에 비해 상대적으로 설득력이 강한 만큼 작가가 자신의 의도를 적극적으로 전달하려고 노력하면 그 의도를 관철할 수 있는 강점을 가지고 있다.

수필이란 쓴 사람의 민얼굴(素顔)과 같다고 한다. 사와노히사오(澤野久雄)가 그의 수필집 『바의 주스』(酒場の果汁)에서 한 말이다. 그가 이 비유를 말한 것은 그의 소설과 수필의 차이점을 말하고자 함에서였다. 민얼굴이란 화장하여 꾸민 얼굴이 아니다. 이런 의미에서 윤기선의 수필은 민얼굴이다. 체험적인 일들이 파노라마처럼 시간을 넘어서 철저하게 묘사되고 있다.

현대는 사람들의 생활이 다양화되고 변화의 속도가 빨라져 갈수록 불안한 나머지 무엇인가에 몰입하고 싶어 한다. 그리고 자신의 이야기를 확실하게 정리하여 후손들에게 전해주고 싶어 한다. 결국은 자아의식이 강렬할수록 자서전 시대가 도래할지도 모른다. 아니 이미 그 징조는 보이기 시작했다. 윤기선의 수필집은 바로 자신의 자서전적인 수필이다. 한사람의 일생이 편편을 통하여 적나라하게 나타나고 있기 때문이다.

열심히 그 열정을 다하고 끈기 있는 오기와 재충전을 통하여 인간 승리의 길에 기꺼이 몸을 던진 윤기선 수필가의 오늘을 지켜보고 있는 한사람으로서 그의 노력에 먼저 박수를 보내지 않을 수 없다.

귀를 잘라 자신의 영혼을 달랬던 고흐는 불꽃같은 정열과 격렬한 필치, 눈부신 색채와 자살을 통해 자유를 얻었고 그림에 미쳐 일생을 가난하고 고통스럽게 살았다. 강열한 태양을 그리며 자신의 영혼 전부를 던져 예술에 열광하였던 화가 반 고흐의 그림에는 삶에 대한 어찌할 수 없는 진한 애착과 영혼을 꿰뚫는 투명한 관조가 넘쳐난다.

낮은 언덕의 들판이 황금빛으로 가득 찰 때 팔리지 않았던 그림을 그렸던 그다.

몇 년 전 경주에 사는 기행작가 이재호씨의 안내로 신라 헌강

왕릉을 찾아가던 중 가을 들판을 가리키며 얼마나 아름다운가 하며 감탄을 거듭하던 그를 보고 감탄한 적이 있었다. 매일 보는 그 들판이지만 새롭게 다가오고 느껴지는 것이기에 그토록 감탄하며 들판을 바라보고 있었다. 필자는 감탄하고 감탄하는 그를 바라보며 들판의 한 식물처럼 익고 있는 그를 보았다. 문학은 그렇게 자연 속에 빠지면서 간절하게 그것을 음미하고 일체가 되는 것이다.

윤기선 수필가는 자기 전부를 던져서 확실하게 자신의 빛깔과 향기로 세상을 살며 이웃을 향한 진실한 서사를 엮어가고 있다.

가볍게 그러나 결코 만만하지 않은 철학과 유모어, 자기만의 다름이 있는 고만고만한 주제가 우리를 이끌어 주는 것이 수필이다. 수필은 친숙한 장르이면서도 조금만 소홀하면 치졸한 이야기의 수다로 전락하고 만다. 때문에 수필은 격조 있는 글이어야 한다.

감성의 풍요로운 들판이 있어야 하지만 그 속에는 사람냄새가 나는 생활의 면면이 있어야 구수한 이야기의 샘물을 마실 수 있다.

지금까지의 수필은 경험에 따른 후일담(後日譚)이나 간직하고 있던 것의 고백정도가 주류를 이루고 있었고, 다른 하나는 교시적(教示的)인 내용을 전달하는 것이 대부분이었다. 그러나 지금은 그런 글에 관심을 갖는 사람이 많지 않다.

고정된 사고에서 벗어나 수필이 사람들에게 힘을 충전시켜주는 기능을 다하도록 자기 발전에 최선을 다하며 정진해야만 한다. 그래야만이 수필이 문학의 한 장르로 확고부동한 자리를 점유하고 다양한 감동을 산출할 수 있기 때문이다. 이와 같은 형식의 모델로 글을 쓰는 수필가가 윤기선이다.

문화를 사랑하였고 우리의 역사와 문화유산에 남다른 애정을 가지고 계셨던 필자의 선친 정익두 교장 선생님이 교직 45년을 마감한 삼랑진 송진 초등학교의 재학생이었던 윤기선은 신라대학교 국문학과의 만학도 제자이기도 하다. 수업이 끝나고 한가하게 젊은 날의 이야기를 하던 중 윤기선은 초등학교 교장 사택의 느티나무 아래의 그 대학생이 필자였음을 알고 우리는 인연의 한 가닥을 떠올리며 반가워하였다. 특히 선친이 그리워 만어사를 찾아가던 날 학교 앞에 차를 세우고 바라보던 그 좁고 황량한 학교 마당이 기억 속에는 낭만과 소박함으로 가득하였던 추억을 떠올리며 윤기선수필가와 나는 더없이 젊음과 부친의 생애를 함께 한 시공간을 가진다는 인연법에 감사하기도 하였다.

1978년 부산박물관이 개관할 당시 유물을 기증한 29분 가운데 한사람으로 우연히 박물관을 구경하던 중 기증자의 목록이 붙어 있던 벽을 바라보며 나는 선친의 유물사랑과 공익 재산으로서의 문화유산 보관법을 이해하기 시작하였다. 가끔씩 그에게 엄하고 준열하였던 선친에 대한 추억을 연상하기도 한다.

그는 가족- 그 끈끈한 인연에서 시작하여 유년의 스토리텔링, 인문학적 접근과 성찰, 의연한 꿋꿋함과 그 아름다움에 대한 수필을 쓰는 수필가이다. 가족으로는 할머니, 아버지, 어머니, 남편, 아들, 손자, 사돈까지 이야기의 보따리를 슬렁슬렁 풀어내며 웃음을 선사하는 소박함이 있다.

> 옷을 보니 더 아들이 보고 싶었다. 운동장에서 헤어졌던 순간 보다 뜨거운 흐느낌은 어찌 내 혼자만 흘린 눈물이었으랴 대한의 어머니들이 오랜 세월 동안 겪어왔던 아픔일 것이다.
>
> 마음을 다잡았다. 에미가 울고 있다면 이심전심 녀석도 마음이 편하지 않을 것 같아 명랑하게 생활하기로 하였다. 외출에서 돌아오면 편지함에 먼저 손이 가는 버릇이 생겼다. 소식을 기다리는 마음은 세상의 어느 기다림이 이토록 애가 탈까 그렇게 애타는 나날 속에 어느 날 우편함에는 하얀 봉투가 외출에서 돌아오는 나를 반기고 있었다. '군사우편'이라고 찍힌 편지 가슴이 찡했다. 지금까지 받아본 편지 중에 가장 대견스럽고 가슴이 벅차오르는 편지였다. 집안까지 어떻게 올라왔는지 반가움과 그리움에 손이 떨렸다.

'어머니'라고 시작된 서두는 대한의 국군으로서 후방의 가족을 염려하는 늠름한 안부 편지였다. "건강하게 키워 주신 부모님께 감사드린다."며 훈련에 잘 임하고 있으니 조금도 걱정하지 말라는 당부를 했다. 어리고 철이 없다는 걱정은 에미의 기우였다. 군대 생활에 적응하며 한 인간으로 독립하는 발판을 삼겠다며 무엇보다도 체중을 줄여서 날씬한 몸매를 만들겠다는 의지도 담겨있었다.

그때 TV에서 장애아를 둔 어느 어머니가 울면서 "정상적인 아들을 낳아 씩씩하게 키워 대한의 군대에 보낸 어머니들이 천만금을 지닌 갑부들 보다 더 부럽다."며 절규하고 있었다. 대한민국의 국적, 건강하고 씩씩한 몸과 마음이 바탕이 되어야 갈 수 있는 곳이 대한민국 군대였다. 인생길은 마냥 순탄한 날만 있을 수 없다. 의무를 다 하는 날 아들은 더 늠름한 모습으로 에미 곁으로 돌아 올 것이다. '군사우편'은 아무나 받는 것은 아니었다.

-「군사우편」에서

나의 부친께서는 신장 186Cm 요즈음 말로 쭈쭈 빵빵 하셨고 인물 또한 준수하여 근동(近洞)의 처녀들이 상사병이 날 정도였다는 것은 후일 동네사람들로부터 들은 이야기다.

나는 키가 작은 편에 속하니 모친을 닮아서 그러 하다고 늘 작은 키를 불평을 하였더니 모친께서 "이제 와서 그런 말을 하면 우짜노?" 라고 하신다. 키 작은 사람들을 보면 대부분 목이 짧다. 물론 목 길이가 짧으니 키도 작겠지만, 키 작은 사람 치고 목이 긴 사람은 드물다. 목이 짧은 사람은 머릿결이 길어지면 뒤에서 보면 목 부분과 머리의 경계선이 없고 어깨에 머리가 붙어 있는 격이다. 그것도 좋다 머리카락은 갈색이라 시절을 잘 만나서 다행이지 어려서는 노랑머리라고 꽤나 놀림을 받았다. 오늘 날에는 오히려 노랑머리가 유행이니 염색을 하지 않아도 된다. 이런 점은 부모님께 감사해야 한다는 말을 많이 듣는다. 머리 결은 그렇다 치고 머리모양이 앞 뒤 짱구에 일자 눈썹이다.

미술에 소질이 있다면 예쁘게 그려서 모양 나게 하겠지만 그런 솜씨도 없는지라 무성한 눈썹은 그야말로 자연 친화적인이다. 깜깜한 밤하늘에는 별이 더욱 돋보이게 마련이다. 그중에서도 샛별이라 불리는 삼태성은 우리 눈에 돋보인다. 샛별처럼 반짝이는 눈동자는 아니었지만, 좌우 시력 1,5 거기에다 적당하게 쌍꺼풀진 큰 눈이었는데 요즈음은 빛을 잃었고 또 눈꺼풀이 아래로 쳐졌다. 그리고는 걸핏하면 벌겋게 충혈이 된다. 그기에 보태어서 안구건조증이 심하다 못해 두 눈은 늘 피곤한 모양을 하고 있다. 어쩌랴 노화가 내 허락도 없이 신체 여기저기 찾아들어 주인 행세를 한다.

안경이 신체의 일부분이 된지 오래다. 죽어봐야 저승을 안다고 하더니 내가 늙음으로 신체적인 장애를 받을 것이라고는 이론 적으로는 알고 있었지만, 당해보니 그 맛을 알겠다. 이것저것 다 먹어도 괜찮지만 나이 먹고는 좋은 것이 없다던 어른들 말씀은 명언 중의 명언이다. "귀 잘생긴 거지는 있지만 코 잘생긴 거지는 없다."는 말이 있다.

코는 얼굴의 중앙부서인데 나는 코 부분이 가장 불만이 많은 구역이다. 하필이면 그 불만이 팽창한 구역에 본의 아니게 쓰레기를 버리다 잘못하여 그 곳을 건드리고 말았다. 그 수난은 이랬다. 집수리를 하고 쓰레기를 버리는데 쓰레기봉투에 담은 내용물이 무거워서 겨우 들고 통 안에 넣는 순간 미처 피할 겨를도 없이 통 뚜껑이 내리쳤다. 순간적으로 일이난 일이니 얼굴을 돌리지 못하고 수난을 당한 것이다. 순간적이라 별로 아프지도 않았지만, 수초 후 붉은 피가 뚝뚝 떨어졌다. 그제야 욱신거리는 통증에 코를 움켜지고 병원으로 달려갔다. 울고 싶은데, 맞았으니 상처도 치료하고 성형 수술비 견적을 뽑아보니 나에게는 기하학적 숫자였다. 어쩌랴 영원히 갈등지역으로 남겨 둘 수밖에 없었다. 갈등을 무마하기 위해서라도 성형을 해볼까 하다가 갈등구역도 있어야 긴장하고 살 것 같아서 남겨 두기로 마음먹고 병원 문을 나왔다.

삶아서 깐 계란처럼 앙증스럽던 두 뺨은 탄력을 잃어 삶은 팬티 고무줄처럼 늘어나더니 무게를 감당하지 못하고 그것들은 볼 아래로 밀려 심술보 주머니를 만들기 시작했다.

앵두 같던 입술은 상추 쌈 한 잎 하면 주름이 먼저 자리 잡는다. 가슴과 허리의 경계선이 사라진 후 날마다 세포들의 지역구 다툼이 심각한 허리통, 당분간은 경계선이 모호하여 더욱 분쟁이 치열 할 것으로 내다본다.

자연산 우유가 펑펑 솟아 아들 녀석이 지상 낙원으로 여기던 억대의 유방도 고비 사막 같은 가뭄이 찾아 들어 점점 심각하게 사막화 되어 간다. 재건축이 불가피 하지만, 신체의 늙음이 어디엔들 미치지 않으랴 팔뚝은 굵고 손은 뭉텅하다. 그기에 손가락은 아래 위 굵기가 같으니 손톱이 달려 있지 않았다면…… 그것까지는 그래도 봐줄만 하다. 반소매를 입고 팔을 흔들면 가관이다. 팔뚝에서 늘어난 살은 천사의 날개처럼 레이스를 달고 하늘거리다 못해 덜렁덜렁 살 물결을 이룬다. 그러니 민소매는 사양이다. 그 지경이 되었는데도 버티게 하는 힘, "팔뚝 굵은 대한민국의 아줌마다." 그 힘이 가정의 버팀목으로도 일조를 하였다. 이런 얄궂은 몸뚱이지만 그래도 아들 하나 건강하게 낳아 씩씩하게 키워서 대한민국의 군인으로 보내었으니, 이 또한 국력에도 힘을 보태었으니 위대 하지 않은가?

-「자화서」에서

수필의 담담함을 힘 있게 솟구치게 하는 데는 유머와 윗트가 필수적이다. 위의 「자화서」는 적나라한 자기표현이자 비판이지만 지나치게 솔직해서 배를 움켜쥐고 읽어야 제 맛이 날것이다. 한 치의 오차도 그 누구도 아닌 자신을 주인공으로 한 근래에 보기 드문 유머와 재치가 조합된 수필이다.

나는 낙동강과 밀양강이 만나는 곳에서 그리 멀지 않은 곳에서 태어나 자랐다. 밀양강 줄기에서 고개 하나 넘으면 산자락 끝에 있는 마을이다. 한국의 농촌이 대개 그러하듯 봄이면 진달래가 참말로 지천이다. 단오 날 왕 수양버들 고목에 그네 줄을 매고 붉은 댕기가 허공에서 휘휘 늘어지도록 그네를 뛰던 처녀들, 쌍그네는 더 높이 허공을 차고 오르면 땅 위의 사람들은 고개를 젖혔다.

왜관 안동 지방에 비가 많이 오면 강물이 불어 하류에 위치한 우리 고장은 물난리를 만났다. 언제 생겼는지 모르지만, 사람들은 그들을 '도포들' 혹은 '도갯들'이라고 했는데, 도포처럼 넓다는 의미와 풍년이 들면 풍족함으로 사람들의 배포가 커서 그런 지명이 붙여졌다고 하지만 정확한 지명의 유래는 알 길이 없다.

나는 도개들 보다는 도포들이라는 이름이 정겨워 도포들이라고 부른다. 도포들 경작지 아래 부분은 지대가 낮아 "미꾸라지가 하품만 해도 물이 찬다." 할 정도로 비가 조금 내려도 물이 잠겼다. 그래서 땅이 더 비옥했는지 일명 '새'(억새의 일종) 가 무성하여 "새밭"으로 통했다. 이른 봄 돋아난 새순은 소 풀을 뜯기기에 아주 좋아 소를 풀어 놓는 방목장이 되었다. 그러다가 찬바람이 불고 가을이 짙어 가면 은색물결은 바람이 불면 이리저리 함께 어우러져 자아내는 소리는 천 길 낭떠러지 아래로 떨어지는 폭포소리가 하면 이내 수만 명의 박수갈채로 변하여 달이 뜬 밤 겨울채비를 못한 풀벌레들의 슬픈 울음소리 갈대의 은물결에 실려 멀리멀리 구성지게 퍼진다. '새'는 땔감으로도 사용하였지만, 물에 강한 내구성의 특성을 살려 이엉을 엮어서 지붕을 덮기도 했다. 단단하고 매끄러운 대궁을 꺾으면 쪼개지는 것이 꼭 대나무 성질을 닮았다.

초가지붕은 매년 한 번씩 이엉을 갈아 주어야 하는 번거로움이 있지만 새로 이엉을 엮어 덮으면 그 수명이 약 사오십 년은 거뜬하게 견딘다. 비옥한 도포들에서 자생한 새 덕분에 다른 지방에서는 보기 드문 새날지붕이 많았다. 이런 지붕을 밀양의 방언으로 '새날집' 혹은 '새나리 집'이라 했다. 기와지붕이 귀족적인 모양을 하고 있다면 새날지붕은 서민적이면서도 단아한 품위를 지녔다.

새날지붕에도 두 종류가 있었다. 이엉을 역을 때 겉껍질을 추려 내고 대궁만 엮어 뿌리부분이 밖으로 나오도록 하여 덮는 방법과 다른 하나는 겉껍질까지 엮어서 갈대꽃이 땅을 보도록 덮는 방법이 있는데, 전자의 방법은 일손과 새의 양이 많이 들어가 그 비용이 많이 드는 것이다. 후자는 일손과 새의 양도 작게 들어가지만, 초가지붕처럼 매년 이엉을 갈아 덮어야 하고 그 모양새가 어수선하여 초가지붕 보다 못하다. 양지바른 기슭에 옹기종기 새둥지처럼 모여 있던 마을 자연친화적인 영원한 마음의 고향이다.

-「사라진 것들은 그립다」에서

신 새벽 보리밭머리에 사람들의 소리. 막걸리에 목을 축인 장정들의 낫질이 시작되었다. 쓱싹쓱싹 보릿대 넘어가는 낫질소리가 이슬내린 들녘의 정적을 깨우면 종달새들 잠결에 놀라는 모양이『춘향전』의 변 사또 생일날 암행어사 출도 한 듯 우왕좌왕 이리 푸드득 저리 푸드득 정신없이 달아났다가 보릿대 사이에서 새끼가 어미 찾고, 어미가 새끼를 부르는 소리가 어지럽다.

낫질께나 하는 사람 앞서고 뒤에 선 장정이 휘몰아 가면 중간의 장정들은 천방지방 허둥지둥 낫질을 하다 보니 보릿대 반은 손아귀에서 흘러내려 삐뚤삐뚤 놓였다.

앞장선 장정이 힘을 내어 앞으로 나가면 뒤에선 사람들이 죽기로 따라가면 순풍 타는 돛배같이 보릿대가 쓰리쓰리 넘어갔다. 새참을 먹기 전에 모두베어 눕혀야만 하루 일이 수월하다.

보릿대가 몇 고랑 남았을 때 새참이 나왔다. 국수 한 양푼씩 게눈 감추듯이 넘기고 담배 한 대 피워 물면 언제 힘들었던 순간은 연기처럼 날아가고 타작마당 들머리에 놔둔 막걸리 동이 한 사발씩 들이키고 남은 보릿대를 마저 눕혔다.

타작꾼들이 짐 져다 나른 보릿대를 장정 하나가 촘촘히 배기면 이삭 끝에 까끄라기 달고 비스듬히 누운 모양새가 양반이 지게 진 듯 뻣뻣했다. 청명한 하늘, 한나절이 못되었는데 볕이 제법 따갑다. 도리깨채 둘러맨 타작꾼들이 마당에 들어서는데 힘깨나 쓰는 사람이 양 가에 섰고 가운데는 약골이 끼었다. 타작패들이 어깨에 힘을 주어 한 번 두 번 내려쳐도 이슬에 눅진한 보리 이삭 까끄라기도 끄덕 않지 않았다.

첫 마당에 힘을 뺐다며 이삭 떨어진 보릿대를 걷어 내며 너도 나도 푸념한다. 한나절에 이르면 도포들은 이삭꾼들과 타작으로 들이 시끄럽다. 달구지가 마을과 들로 분주하게 다니고 여기저기 '옹해야' 소리가 심심찮게 들려왔다. '옹헤야'는 보리타작할 때의 노동요답게 앞소리 하는 사람은 입담이 좋고 일을 잘하는 사람이 불렀다.

타작꾼들의 신명나는 그 여세에 보리이삭 맥없이 떨어졌고 타작꾼들은 앞으로 나올 때는 한 발자국씩 차근차근 짚어 나갔다가 뒷걸음질로 되돌아 갈 때는 오른다리를 치켜들며 중중모리 장단에 무용수가 춤을 추듯이 성큼성큼 물러가면 제자리가 되었다.

이슬 마른 보릿대는 한바탕의 도리깨질에 옆구리가 터지고 마디가 부러졌다. 선창자가 다시 도리깨채 열을 모아 쥐고 도리깨 귀(꼭지)로 보릿대를 나비는데 걸인이 삼년 입은 속옷의 이를 잡듯 이삭만 들춰내며 "요기도 때려라 아! 여기도 있네!" 하면 여섯 개의 도리깻열이 공중에서 일시에 곡선을 그리며 휘돌아 내려쳐도 마당에 각각이 놓였다.

하루 종일 내려쳐도 옆 사람 귀 때리는 법 없으니 암만 봐도 신통했다. 말간 하늘에 땡볕이라 멀리 아지랑이가 이글거렸다. 그림자가 발치에 이르면 점심밥이 나왔다. 눈대중으로 어림잡아 보아도 소출이 괜찮았던지 가마니를 서너 장 펴고 그 위에 점심을 차리시는 어머니의 얼굴에 웃음이 가시지 않았다.

하늘에는 둥지 잃은 종달새가 아침부터 이리저리 솟구치며 재잘거리는 것이 집 잃은 패악을 부리는 듯 자지러지고 뒤집으며 원망을 쏟아내고 간간이 어미 잃은 새끼들이 달음질을 치며 나왔다가 보릿대 속으로 숨어들었다. 감꽃 같은 보리쌀 섞은 고봉밥을 게눈 감추듯이 비운 타작꾼들은 담배를 피워 물고 지게 그늘로 찾아든다.

그늘이라야 등짝하나 겨우 가릴만한데 그 아래 몸을 눕히고 단잠을 청한다. '곳간에서 인심난다.'했던가. 타작 하는 날은 자기 밭에서 이삭 줍는 사람들에게도 밥을 한 양푼씩 내놓는 것이 도포들(밀양, 거족들의 옛 이름)의 인심이었다. 밀양 강물 양동이로 길어와 하루 종일 마셔도 탈이 없던 그 시절 밀레가 한국에 태어났더라면 이삭 줍는 풍경이 달라졌지 싶다.

-「사라지는 풍경」에서

그는 글을 통하여 새나리 집과 도리깨를 완벽하게 우리에게 보여주고 있다. 어떻게 추억 속의 사물들이 저렇게 재탄생할 수 있을까. 옛것을 소중하게 하나의 문화유산으로 만들어 간 그의 구수한 이야기 같은 글들은 일종의 문화재 유산을 지키는 기둥이 될 것이다. 그리고 삶의 현장성을 놓치지 않고 삶의 지표로 삼아 온 길은 더 없는 따뜻한 인간애로 발효될 것이라 확신한다.

그의 수필집에는 자신의 삶의 궤적이 나타난 자서전적인 면과 함께 인간에 대한 관심과 배려, 그리고 존중과 삶의 가치에 대한 자기 성찰 등이 바탕에 깔려있다.

그러나, 그곳에 가면 문학이 있다

2013년 9월 23일 **초판1쇄 인쇄**
2013년 9월 27일 **초판1쇄 발행**

지은이 윤 기 선
발행인 이 길 안

발행처 **세종출판사**
부산광역시 중구 보수동2가 72-26번지
Tel.(051)463-5898 Fax.(051)248-4880
E-mail. sjpl@chol.com

출판등록 제02-01-96
ISBN 978-89-6125-734-3 03810

값 12,000원